LEARNING BY DIALOGUING:

A WAY TO MASTER MATHS

FOR THE KIDS

儿童数学教育丛书

吴正宪　张　丹◎主编

让儿童在对话中学数学

吴正宪　范存丽◎主　编

王　薏　朱凤书◎副主编

教育科学出版社

·北京·

出 版 人 李 东
项目统筹 郑 莉
责任编辑 欧阳国焰
版式设计 宗沉书装 吕 娟
责任校对 贾静芳
责任印制 叶小峰

图书在版编目（CIP）数据

让儿童在对话中学数学／吴正宪，范存丽主编． —
北京：教育科学出版社，2017.6（2023.7 重印）
（儿童数学教育丛书／吴正宪，张丹主编）
ISBN 978-7-5191-1101-4

Ⅰ．①让… Ⅱ．①吴… ②范… Ⅲ．①小学数学课 -
教学研究 Ⅳ．① G623.502

中国版本图书馆 CIP 数据核字（2017）第 121434 号

儿童数学教育丛书
让儿童在对话中学数学
RANG ERTONG ZAI DUIHUA ZHONG XUE SHUXUE

出版发行	教育科学出版社				
社　　址	北京·朝阳区安慧北里安园甲 9 号		市场部电话	010-64989009	
邮　　编	100101		编辑部电话	010-64989527	
传　　真	010-64891796		网　　址	http://www.esph.com.cn	
经　　销	各地新华书店				
制　　作	宗沉书装				
印　　刷	天津市银博印刷集团有限公司				
开　　本	720 毫米 ×1020 毫米　1/16		版　　次	2017 年 6 月第 1 版	
印　　张	7.75		印　　次	2023 年 7 月第 6 次印刷	
字　　数	92 千		定　　价	32.00 元	

如有印装质量问题，请到所购图书销售部门联系调换。

创设"好吃又有营养"的儿童数学教育
——儿童数学教育本土理论与实践的探索

多年来，我一直在思考：儿童需要学习什么样的数学？儿童喜欢以什么样的方式学数学？儿童到底应该从数学学习中获得什么？数学又可以为儿童的可持续成长提供什么？同时，我也一直在追问：作为教师，我们应该怎样为儿童创设"好吃又有营养"[①]的数学教育？我们又应该为儿童的全面发展做些什么？令人欣喜的是，"儿童数学教育丛书"的《让儿童在问题中学数学》《让儿童在对话中学数学》《让儿童在涂画中学数学》和《发展儿童数学关键能力》四本书，就从不同的维度对这些问题进行了回应。丛书讲述了儿童数学学习的故事，同时也记录了一线教师、教研员开展儿童数学教育研究的历程与理性思考。这里的儿童数学教育理论与智慧是从课堂里生长出来的，是经过坚守在一线的教师、教研员长期的教学实践而生成的，它具有本土性、实践性、可操作性，值得与大家共同分享。

丛书的四本书围绕"儿童数学教育"这个主题，从不同的切入点展开讨论。儿童数学教育的内涵到底是什么？怎样来诠释它？此时我可能还很难一言以概之，但是多年的实践让我对儿童数学教育有了自己独特的理解。在我的心中，儿童数

---

① 关于"好吃又有营养"的数学我已多次表达，它是具有双重价值取向的数学教育。"有营养"是从学习内容和学习资源来讲的，要让儿童在学习数学知识的过程中获得终身可持续发展所需要的基本知识、基本技能、数学思想方法、基本数学活动经验、科学的探究态度及解决实际问题的创新能力。"好吃"是从教学方式和学习方式来讲的，要把有营养的数学烹调成适合儿童口味的数学，也就是儿童想学的数学、爱学的数学、乐学的数学、能学的数学，达到让儿童想学、爱学、学会、会学的目的，提升儿童的学习力，让儿童学有后劲。

学教育已经不仅仅是"研究数量关系和空间形式"的一门科学，它还是一种理性精神，一种科学态度，一种文化传承，一种思维方式，一种交流语言，一种特殊工具。因此可以说，儿童数学教育就是教书育人的重要过程。

我认为，儿童数学教育由三个要素组合而成，即儿童、数学、教育。它们共同构架起一个立体坐标系（见下图）。

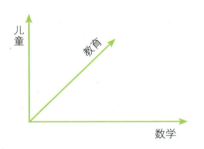

在儿童数学教育的立体坐标系中，顶天立地的纵轴上清晰地书写着"儿童"。它提醒我们，关注儿童是教育工作的关键。我们要把握儿童的认知特点和学习规律，坚持全面育人——这不仅仅包括"知识技能""认知风格""思维水平"等维度，也涵盖了"情感、态度、价值观"层面。关注儿童，才不会陷入学科本位，才不会只关注基础知识、基本技能而忽略其他。

坐标系中向右伸展出去的横轴上清晰地书写着"数学"。它提醒我们，关注数学是我们学科独有的重要任务，无可替代。只有关注数学、研究数学，把握数学本质，才不会使教学偏离数学的轨道，才能让儿童拥有数学视角与数学思维，为教学注入数学的科学元素，不违背数学的初衷。

坐标系中支撑它从"平面"走向"立体"的关键轴上清晰地书写着"教育"。它提醒我们，要做的是儿童的数学教育，教书育人是重要使命。"教育"是人与人的理解与沟通，它用恰当的方式让儿童感受数学学习的意义和价值，体会数学知识的广泛应用，感受数学思维的独特魅力，从而爱学数学、善学数学、会学数学，以便将来高质量地工作和生活。

因此，作为小学数学教师，一是要理解儿童，研究儿童学习的规律；二是要理解数学，研究数学的本质属性；三是要理解教育特别是数学教育，研究教育特别是数学教育的规律。只有在理解和研究儿童、理解和研究数学的基础上，才能更好地理解和研究儿童数学教育。

丛书明确地提出了"儿童数学教育"的理念和教学策略，确立了将"儿童"作为数学教育研究和实践对象的基本立场，强调以儿童的全面发展为目的，满足儿童的发展需求，遵循儿童的发展规律，努力为儿童创设"好吃又有营养"的数学教育。丛书正是对儿童数学教育本土理论与实践研究的丰富和发展。四本书聚焦一个主题——"儿童数学教育"，又各有特色和侧重——分别从引导儿童"在问题中学数学""在涂画中学数学""在对话中学数学"三个不同的维度展开，提供了创设"好吃又有营养"的儿童数学教育的三种途径和方式，最终实现"发展儿童数学关键能力"这一目的。

四本书都以给教师提建议的方式为特色，每个部分中的每篇文章从标题开始就体现出建议特色，并在其后的内容中通过多个栏目阐释这个建议：首先通过"教学故事"引出问题，再通过"吴老师说"分析点评，继而通过"为你支招"给出具体的、可操作的实践策略，最后通过"观点聚焦"再次点明主旨，帮助教师获得提升。

丛书主要以第二人称"你"的方式展开叙述，将其中的理念向教师们娓娓道来，阐述实实在在的"招"，并进行图文并茂的案例式解读，为教师的实践提供脚手架。丛书每本书的字里行间都自然流淌着教师对儿童的热爱与理解，对儿童数学学习规律的敬畏与尊重。读完每一个建议，如果作为读者的你有了自己的感悟和实践案例，还可以随时记录在"你的感想与实践"栏目中，从而更好地丰富自己对儿童数学教育的理解和实践。

《让儿童在问题中学数学》一书重点阐述了如何通过问题引领儿童的数学学习。"学起于思，思源于疑。"疑是最容易引起探索反射的，思维也就应运而生。有了问题、疑问和惊奇，儿童才能积极主动地思考。问题引领儿童学习的过程，正是使儿童经历发现问题、解决问题同时又生成问题的过程。一个个有趣且有价值的"问题串"由浅入深，激励儿童进行深度思考。环环相扣的问题由表及里，使思维得到延伸。恰到好处的"问题串"引起儿童的认知冲突，打破儿童的认知平衡。一个个问题的抛出，一个个思维高潮的迭起，搅动思维的涟漪，把课堂的温度建立在思维的深度上，使儿童处于欲罢不能的状态，沉浸在自主探索的气氛中，感受着学习数学的乐趣与价值。有了问题就会有思考，"不愤不启，不悱不发"，从而引发儿童思维共振，使儿童主动地投入探索之中。

《让儿童在对话中学数学》一书重点阐述了如何帮助儿童在对话中理解和学习数学。儿童有四大天性：好奇心、好探究、好秩序和好分享。[①] 课堂学习中既要有儿童个体的独立思考探究，也要有群体的交流分享。这种相互讨论、倾听、补充、调整、修正、欣赏、沟通与分享的学习过程，为儿童的发展提供了重要契机。要鼓励儿童敢讲话、会讲话、善提问、敢追问，学会与同伴对话、交流、分享；鼓励儿童用自己原生态的语言诠释对数学概念的理解；鼓励儿童充分表达，注重儿童"讲数学"，让他们把自己的思考说出来。学习中要营造民主平等交流的氛围，让儿童在争辩中获得正确的认识，深化对知识的理解，激活思维。要使"一言堂"的数学课堂变成师生互动交流的"群言堂"。课堂上要让儿童有话可说，有问题可质疑。巧妙的设问、适时的追问、恰到好处的"煽风点火"和环环相扣的问题，搅动儿童的思维，让思考在对话中调整、在追问中丰富、在反思中深刻，使思维品质得到良好的发展。

《让儿童在涂画中学数学》一书重点阐述了如何在涂涂画画中帮助儿童理解和学习数学。数学是严谨、抽象的，儿童则以直观、形象思维为主，二者之间的矛盾是影响儿童学好数学的因素之一。儿童喜欢涂画，它是儿童自觉进行的游戏。涂画不仅能表达儿童的内心世界，开启儿童的思维，激发儿童自身的潜能，唤起儿童创造的活力，还能培养儿童的专注力和观察、分析、想象的能力。我们能否让直观、形象、有趣的涂画成为儿童数学学习的有效路径呢？带着这样的思考，该书作者团队开展了让儿童在涂画中学习数学的实践探索。实践印证了：图画蕴含着丰富的数学信息；涂画能唤起儿童已有的经验；涂画能帮助儿童理解数学概

----

① 任景业. 分享孩子的智慧：改进教学的建议 [M]. 长春：东北师范大学出版社，2014：7.

念和数量关系；涂画是儿童重要的表达方式；涂画是儿童学习数学的工具；涂画是促进儿童有效地学好数学的重要途径。

《发展儿童数学关键能力》一书重点阐述了如何帮助儿童在数学学习中提升数学素养和数学关键能力。该书对数学能力要素中处于中心位置，最基本、最重要、最关键、能起决定作用的能力进行了筛选，梳理出七个数学关键能力——数感、符号意识、运算能力、空间观念、数据分析观念、推理能力和模型思想，并通过一线教师丰富的教学故事和鲜活的教学案例对这些关键能力进行了解读。一方面，它对儿童数学关键能力的内涵进行阐述，明确从数学核心素养的角度整体把握儿童数学关键能力；另一方面，它结合教学实际给出具有实操性的"招"，使教师"有招可依"。该书不仅有数学核心素养理念的引领，还有典型案例与成功实践经验的引领，更加凸显发展儿童数学关键能力的"实操性"。

这四本书从一个主题、多个维度阐述了我们对儿童数学教育本土理论与实践的再思考。我们要坚守"以儿童发展为本"的教育理念，坚持为儿童创设"好吃又有营养"的数学教育。儿童的需求和喜爱，就是我们前行的动力。我们愿与你一起站在儿童视角审视儿童数学教育、研究儿童数学教育、实践儿童数学教育，愿更多的儿童能够享受到高质量的数学教育。

由于我们的认识水平和能力有限，书中难免有不妥之处，还请批评指正。

北京教育科学研究院　吴正宪

2017 年 4 月

　　随着课程改革的不断深入，在教学中，学生的主体地位越发得到显现。而传统课堂教学中，教师说学生听、教师问学生答的学习面貌，早已束缚了学生主体作用的发挥，在缺失学生主动说的同时，也缺失了学生经历对学习内容自主建构的过程。这很难实现课程标准中所倡导的：学生是学习的主体，教学活动是师生积极参与、交往互动、共同发展的过程。

　　为了改变课堂中调动学生学习主动性不足的课堂面貌，自 2014 年起，我们开展了"合作、分享、互动式教学的实践探索"，倡导学生在"对话"中学习数学，鼓励学生在课堂中发表意见、互动交流、分享思考，促进师生间、生生间相互理解、共同探究。

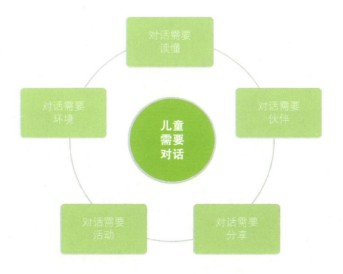

　　"对话"也是课程改革所提倡的重要理念之一。作为一种强调沟通合作、注重互动交往和创造性开发的教学方式，"对话"被引入小学数学课堂，顺应了儿童的天性和发展特点，为教学带来了全新的活力。它打破了传统的教师"独白式"的课堂，把单纯的讲授变成了平等的对话，它强调的是师生、生生之间的互动交流，使得学生能够主动地去学习、思考。

　　本书主要围绕"儿童需要对话"展开，从对话需要读懂、对话需要伙伴、对话需要分享、对话需要活动、对话需要环境五个方面进行阐述，给出具有可操作性的策略、建议。

目 录 | CONTENTS

第一部分

儿童需要对话，

对话需要读懂

> 我们必须会变成小孩子，才配做小孩子的先生。
>
> ——陶行知

　　教师是学习的组织者、引导者和合作者。课堂教学中，绝大部分教师能够转换角色，希望在与儿童的对话交流中帮助其完成对学习内容的建构。想法固然是好的，但效果却不尽如人意，教师总感觉与儿童交流不起来。为什么会发生这样的情况呢？原因之一就是教师并未读懂儿童。由于要完成既定的教学任务，教师更多地关注：

　　教学时间的分配。

　　学生回答问题的正确与否。

　　如何教会学生。

　　在这种情况下，学习就变成了以教师为主导的单边活动，教师只是在意自己的教而忽视了作为学习主体的儿童的感受，对话也变成了"伪对话"。因为，它忽视了作为独立个体的、有着鲜活生命和丰富情感的儿童的存在与感受。

让儿童在"对话"中学数学首先就要读懂儿童。教师只有从生命的角度出发，对儿童给予足够的尊重与理解，才能感受到他们的真实而有趣，才能驻足去欣赏他们；教师只有具备儿童视角才能真正看清儿童，知晓他们的所想所思、所作所为。因此，教师只有读懂儿童，才能对儿童的真实需求获得了解，从而也才能真正因材施教，最大限度地成就儿童的发展，让教育回归对人生命价值的追求。

本部分包括两方面建议：

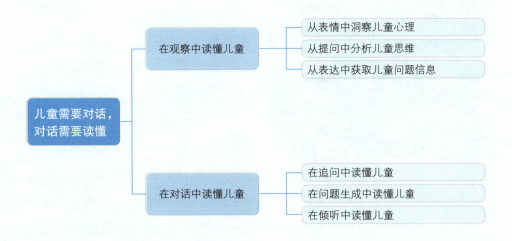

老师，是"元位"

在教学"小数的初步认识"时，当学生对小数已经有了初步认识后，教师提问时，出现了这样的一幕——

教师提出问题："面包每个 2.95 元，牛奶每盒 2.5 元，它们表示的价钱一样吗？"学生们立即做出回应："不一样。"面对学生的回答，教师故作惊讶地说："咦，它们都有 5，

为什么表示的价钱不一样呢？"一名学生回答道："因为两个 5 所在的位置不一样！"教师肯定了这名学生的回答，但并没有就此结束，而是继续追问："谁听明白他的意思了？""我听明白了，"一名男生迫不及待地回答，"因为 2.95 元的 5 在分位上，2.5 元的 5 在角位上，所以它们表示的价钱不一样。"这名男生的回答显然是出乎教师意料的。教师略微一愣之后，接着追问："哦，那小数点前面的这一位叫什么呢？""是元位。"男生不假思索

地说。面对学生这样的回答，教师坦然接受了，说道："他说得多形象啊！元位、角位、分位在数学上可有它们自己的名字呢，你们知道吗？在这里，它们分别叫个位、十分位和百分位。"

是 7.43 米还是 7.43 元？ ①

在教学完"小数的初步认识"新课后，教师设计了这样一个练习：观察数学书，给下面的小数加上合适的单位。

0.18 （　　　）

0.26 （　　　）

7.43 （　　　）

这时，一名学生自告奋勇回答："0.18 米，表示数学书封面的宽是 0.18 米。""他加的单位是'米'，有办法来验证一下吗？"教师随机追问。学生们提议：可以用尺子量一量。说着，学生们拿出尺子开始测量，果然是 18 厘米，也就是 0.18 米。教师接着提问："0.26 的后面加上什么单位呢？""加上'米'，表示数学书封面的长是 0.26 米。"另一名学生举手回答。经过学生们动手验证果然是 0.26 米。"7.43 呢？"教师继续提问。"7.43 米，数学书封面的周长是 7.43 米。"一名男孩子迫不及待地回答。还没等教师开口，马上有学生反驳："不对，数学书封面的周长没那么长，应该是 7.43 分米。"一名女孩子接了腔："我不同意，应该是 7.43 元，表示数学书的价钱是 7.43 元。"这时，教师不慌不忙地说："我们先不急，数学书封面的周长是 7.43 米还是 7.43 分米呢？"一名高个子男孩急切地说："肯定不是 7.43 米，1 米有这么长（边说边张开了胳膊），7 米得有多长啊！"同学们不禁笑起来。教师看到刚才说是"7.43 米"的学生点了点头表示同意。"数学书封面的周长到底是多少呢？你们大胆猜测一下。"教师不失时机地说。

---

① 此教学故事由北京市朝阳区芳草地国际学校双花园校区王蕙老师提供。

学生们报出了不同的答案。而性子急的学生已经两人一组测量开了。不一会儿，一组学生嚷开了："周长是 8.8 分米。"教师接着说："看来，数学书的封面不是 7.43 米，也不是 7.43 分米，而是 8.8 分米。刚才还有一位同学说可以用'元'做单位，你们觉得呢？""可以，我看过了，数学书是 7.43 元。"不知哪个机灵的学生早已翻到了书的封底。

 吴老师说

　　先来看第一个故事，儿童说出"元位、角位和分位"这样的结论，是教师始料不及但又是情理之中的，它与儿童已有的经验和原有的认知是分不开的。在教学"小数的初步认识"之前，儿童已经在生活中，如在商品的价签中见到过小数，而且他们已经认识了数位顺序表中的个位、十位、百位、千位、万位。新知识的建构就是在儿童已有学习经验和认知基础上来完成的，"元位""角位""分位"，这几个看似不太规范的称呼，却在儿童的脑海里留下了深刻的印象。儿童利用先前的经验解决了新问题，而教师读懂了儿童的经验，并把不严谨的表达带入数学学习科学严谨的轨道中来，"他说得多形象啊！元位、角位、分位在数学上可有它们自己的名字呢，你们知道吗？"那种由教师读懂自己所带来的喜悦则转化成了促进儿童继续学习的新动力。

　　再来看第二个故事，教学中，教师设计的练习内涵丰富，涉及了数感、长度单位、周长、估测等相关知识。儿童从不同的角度进行思考，在出示"7.43"后，有的儿童说数学书封面周长是 7.43 米，有的说数学书封面周长是 7.43 分米，还有的说数学书价钱是 7.43 元，这些回答既有对的，又有错的，展示了不同儿童对同一问题的不同理解。这时，教师并没有简单地做出判断，而是先读懂儿童的想法，让他们把困难摆出来，给儿童一个"申诉"的机会，引导儿童通过验证，用脑估一估、用手量一量数学书封面的周长，进而得到正确的答案。在经历测量的过程中，儿童突破了建立长度单位概念这一学习中的难点。

 为你支招

1. 从表情中洞察儿童心理

现代认知心理学研究表明，学习过程不仅是一个认知活动的过程，而且是一个情感活动的过程。与情绪、情感有关的外部表现就是表情。从儿童的表情了解他们的心理，细致入微地观察儿童的表情，是喜悦还是忧虑，是兴奋还是迷茫，是期待还是漠然，是惊讶还是镇定，是自告奋勇还是望而却步，每一个表情的背后都表达了儿童复杂的心理活动。你要善于从儿童的表情变化来捕捉其内心世界与认知情况，适时调整教学方案以适应儿童的发展。

情绪及对应的面部表情模式[1]

情绪	面部表情模式
兴奋	眉眼朝下、眼睛追踪着看、倾听。
愉快	笑、嘴唇朝外朝上扩展、眼笑。
惊奇	眉眼朝上、眨眼。
悲痛	哭、眉眼拱起、嘴朝下、有泪、有韵律的啜泣。
恐惧	眼发愣、脸色苍白、脸出汗发抖、毛发竖立。

---

[1] 引自美国心理学家汤姆金斯提出的人的八种原始情绪和每种情绪相应的面部表情模式。

续表

情绪	面部表情模式
羞愧	眼朝下、头低垂。
轻蔑	冷笑、嘴唇朝上。
愤怒	皱眉、眼睛变狭窄、咬紧牙关、面部发红。

2. 从提问中分析儿童思维

教师读懂儿童很重要的一个方面是开展互动活动。当儿童与你或同伴分享自己的想法时，你就可以了解儿童，尝试读懂儿童。如果把儿童的大脑比作一泓平静的池水，那么你的富有针对性和启发性的课堂提问就像投入池水中的石子，可以激起儿童思维的浪花，开启儿童的心扉，使他们处于思维的最佳状态。教学中，你要根据需要从不同的角度提出开放性问题，引导儿童思考，让儿童暴露更多的想法；同时，你也要能够通过他们的回答，了解其思维的发展现状和遇到的困难与问题。因此，你对于提问的设计，就显得尤为重要了。

一般的提问与智慧的提问对比

一般的提问	智慧的提问
8+7＝？	你是怎么知道 8 加 7 等于多少的？
3+9＝？	12 可以是哪两个数相加的和？
什么是质数？	5 是质数吗？说说你的想法。
这个图形是什么形状？	你是怎么知道这个图形是长方形的？
正方形是特殊的长方形吗？	正方形是特殊的长方形，这是他的意见，你们是怎么想的？
……	……

3. 从表达中获取儿童问题信息

思维和语言是人类反映现实的意识形式中两个相互联系的方面，它们的统一构成人类所特有的语言思维形式。思维是人脑的机能，是对外部现实的反映；语言则是实现思维、巩固和传达思维成果即思想的工具。因此，要抓住儿童的语言，读懂儿童语言背后的表达，建构起你与儿童的对话内容。

儿童在走入课堂学习的时候，或多或少已经具备了一定的解决问题的能力。例如，在前面第一个教学故事中，儿童之所以能得出像"元位、角位、分位"这样的结论，跟原有的认知是分不开的。所以你首先要读懂儿童的经验，理解他们在学习过程中的"迁移"，然后再适时引导。就像第二个教学故事中面对给"7.43"填上合适的单位这样的问题，有的儿童给出了"7.43 米"这样的答案。从他的表达中，教师瞬间捕捉到了这是由于长度单位概念的建立出现了问题，由此通过估一估、量一量，就突破了儿童学习中的困难。

 观点聚焦

> 走进儿童的世界，自己先要变成儿童，这就需要教师了解他们，从儿童的表情中读懂他们的内心世界与心理需求，从儿童的语言中读懂他们的思考过程与潜在困难，从儿童的行为中读懂他们的先前经验与真实表达。

 你的感想与实践

二 在对话中读懂儿童

计算出错真是因为"马虎"吗？ ①

学生在做数学题时往往会出现一些错误，在感慨学生粗心的同时，教师是否对学生出现的错误做过归因分析，是否读懂了错误背后学生的思考？学生出现错误真的只是因为"马虎"吗？背后还有没有其他的原因呢？通过下面几个学生在一节数学练习课上的对话，我们一起来读懂孩子"马虎"背后的原因。

一节五年级的小数混合运算的练习课上，上课伊始，教师抛出了这样一道题目：4.3+5.7×12.5×8，然后就放手让学生做题，学生思维活跃。以下是教师将收集到的四种解题过程进行的展示，教师还邀请4位同学按照顺序分别讲解自己的思路。

---

① 此教学故事由北京市朝阳区芳草地国际学校双花园校区提供。

$$4.3 + 5.7 \times 12.5 \times 8$$
$$\underline{} \quad \underline{}$$
$$10 \qquad 100$$
$$= 10 \times 100$$
$$= 1000$$

学生 1

$$4.3 + 5.7 \times 12.5 \times 8$$
$$= (4.3 + 5.7) \times (12.5 \times 8)$$
$$= 10 \times 100$$
$$= 1000$$

学生 2

学生 1：
"4.3+5.7 能凑整得 10，12.5×8 也能简算，是我们常用的简算数，得 100。所以最后两个数一乘就得到了最终结果。"

学生 2：
"老师，我也是这么想的，但是我觉得，应该在加法和乘法那里分别加上括号才可以让这两边同时计算，才能简算得到结果，因为咱们学过结合律啊！"

学生 1 反驳学生 2："我认为你加了括号后运算顺序和我一样，所以不用加括号！"

$$4.3 + 5.7 \times 12.5 \times 8$$
$$= 4.3 + 71.25 \times 8$$
$$= 4.3 + 570$$
$$= 574.3$$

学生 3

$$4.3 + 5.7 \times 12.5 \times 8$$
$$= 4.3 + 5.7 \times (12.5 \times 8)$$
$$= 4.3 + 5.7 \times 100$$
$$= 570 + 4.3$$
$$= 574.3$$

学生 4

学生 3：
"我认为你们两个都不对。同学 1 的运算顺序错了，同学 2 运用了乘法结合律和加法结合律，但这两个只能放在连乘或连加上，不能一起用在既有加又有乘的算式里。"

学生 4：
"我同意同学 3 说的，但你的方法不好算。我运用了乘法结合律。将 12.5 和 8 凑整，再按顺序计算，先乘 5.7，再加 4.3。既运用了简算，也没有错误。"

教师引导学生进一步思考："通过这 4 位同学的讲解，做错的同学明白自己错在哪里了吗？"有的学生点头。这时，教师继续追问："通过展示同学 1 和同学 2 的做法，你们有什么要说的吗？"大家纷纷举手，有的说："我发现做计算时，不能只看数字能凑整就算在一起。"有的说："我还发现，这个错误不是我们马虎造成的，刚刚我做错了，看了同学的做法还以为是马虎造成的，通过认真倾听几位同学的分析，我发现原来我们在做计算时不能光关心有特殊数能否简算的问题，还要注意运算顺序。最主要的是不能一看见计算错误，就说是自己马虎粗心造成的，对于计算错误我们要静心分析，就会发现计算错误是因为我们对计算方法掌握不牢固。"

 吴老师说

有的儿童对于计算的错误总是总结为"马虎"，其实不然，错题能够反映儿童学习心理，能够成为教师教学的资源。教师通过研究错题不仅能了解儿童认知规律，还能准确把握教学的难点与重点，从而完善教学设计，提高教学质量。出现错误时，我们首先应该读懂儿童的错误，了解他们真实的想法，进而寻找合理的原因和生长点，而后量体裁衣——制定更为适宜的教学策略或采取更佳的指导。在上面这节计算练习课上，教师针对全班出错率比较高的一道题目，呈现资源组织研讨活动，让 4 名儿童展示不同的做法。在这个片段中，我们看到了儿童间真实的对话，在对话中暴露出各自的想法，最终教师也在儿童对话、儿童补充质疑中，听出了他们出错的原因。课堂离不开对话。那我们应该如何与儿童对话？教师与儿童间的对话是否能够引发他们的思考？等等。这些都有待于我们进一步的思考。一堂读不懂儿童的课，儿童好似"捡了一大堆砖头，却没有砌成房子"，思维是凌乱无序的。反之，读懂儿童的课，条理清晰，结构合理，儿童的思维是立体的。所以下面就介绍一些对话中的策略，从而达到读懂儿童的目的。

👍 为你支招

1. 在追问中读懂儿童

在数学课上儿童收获概念、探究知识本源的过程中，追问一定是必不可少的环节，追问是教师在儿童回答问题的过程中，或者问题回答结束之后的进一步引导。追问的目的是进一步发现问题、解决问题，使问题的交流走向深入。追问可以随时拓展儿童思维宽度，挖掘儿童思维深度。在课堂中，教师可以为了完成重点教学、突破难点而追问，所以追问是数学课堂中重要的教学手段，更是精妙的教学艺术。

教师可能的追问

①在关键处追问，凸显数学概念本质。

如在学习对 11—20 各数的认识时，教师让学生摆出 11 根小棒，学生出现了不同的摆法，此时教师追问：哪种摆法能让大家一眼就看出来是 11 根？这个追问目的就是巩固 10 个一是 1 个十，为理解十进制关系做准备。

②知其然还要知其所以然。

在学习"长方体、正方体认识"时，当特征相同点、不同点梳理完成后，教师不应停止，应追问："每个面有 4 条棱，6 个面应该有 24 条棱，为什么只有 12 条棱？"

③在无疑问处继续追问。

教师在课堂上要有这样的追问：

"是这样吗？"

"你们都同意他的想法吗？"

"你还能提出新的问题吗？"

2. 在问题生成中读懂儿童

数学课上的精彩生成无疑是课堂的一大亮点，而有的时候，教师却没有抓住这样的生成，所以在课上，你要通过理解儿童生成的问题来读懂儿童。在读懂儿童问题生成时你要做到：直面儿童的问题生成，将儿童思维引向深入。对问题生成做理智的分析与筛选。在读懂儿童、读懂教材、读懂课堂中全面提升自己面对意外的能力。

面对儿童的问题生成，教师可能的提问有：

①同学们善于发现和思考问题，其实这些问题我们只要亲自动手试一试，就能悟出其中的为什么。

②想想看，两个同学不同的发现间有没有联系？

③这种独创的方法与刚刚的方法相比有什么相同和不同之处？

3. 在倾听中读懂儿童

语言是思维的外壳，是最有观察价值的元素之一，"语言即思维"，你要能读懂儿童语言表象背后的信息。儿童的语言直接体现了儿童的思维品质与性格特征，直接反映了思维与情感的需求。在课堂上你要给足儿童对话的时间，在倾听儿童对话中，听出儿童的困惑和盲区。

课堂上与儿童对话，听出对话背后的问题

课堂上可能的对话	对话背后的问题	给教师的建议
生1：平行四边形是轴对称图形。 生2：平行四边形不是轴对称图形。	对轴对称图形的概念可能掌握不清楚。	认真倾听两个人接下来的对话，听出对话的矛盾，从矛盾入手，从而借助矛盾解决概念问题。
师：如果给出正方形的个数越多，拼出长方形的个数会怎么样？ 全部学生几乎异口同声地说：会越多。 师（装作没听清楚）：你们是说，给出的正方形个数越多，拼出长方形个数……	因为前面的推导可能对后面的推导产生负迁移，所以学生会急于应用刚学的结论，不愿意再深入思考。	学会等待，促进学生反省和深思。当听到学生这种异口同声的答案时，不要急于评价，而要为学生留白，等待学生的自我反思和调整。
一个问题抛出后，通常课堂上会有几种不同回应： 生1：淘气赢。 师：同意吗？ 生2：不同意，因为…… 师：谁听明白了？ 生3：就是淘气赢。 师：是这样吗？	对于一个新的问题情境，学生肯定会有不同看法，因此，就要让学生在这里质疑，从而提高参与度。	利用"转向"的方法扩大学生的参与度，"转向"可以使更多的学生参与到讨论中来，可以使一对一的交流变成一对多的交流，用"同意吗""谁听明白了"这样的话进行问题转向，能引发更多学生更深层次的思考。

 观点聚焦

　　著名教育家陶行知说过："真教育是心心相印的活动，唯独从心里发出来的，才能打到心的深处。"读懂儿童还要走进他们的心灵，除了在课堂上关注每一个儿童的学习过程，还要关注他们的情感体验，让儿童乐于表达，积极交流。因而，教师应成为一个温暖细致的引导者和同行者，和儿童一起共同成长。

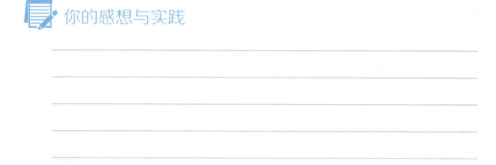 你的感想与实践

第一部分

儿童需要对话，

对话需要伙伴

儿童需要对话，关键是与谁对话，对话的目的是什么。以往,多是教师发起"对话",学生以"回应"的方式应对。其实这不是真正意义上的对话，只是一种回复。目的只是完成教师"教"的任务。

现在很多学校推进的"小组合作学习"教学方式，很好地改善了这一以教师引导为中心的教学状况。这种教学方式以学生间的对话、交流、分享为核心，旨在把"学习"真正交还给学生，让他们成为自主学习者。

学生，作为一种活生生的教学资源，带着自己的知识、经验、思考、灵感参与课堂学习活动，所以真正的对话应该是学生间的对话，教师则以学生学习伙伴的身份适时参与其中，促进学生自主学习，使他们在与伙伴的对话中获得进步和成长。

本部分包括三方面建议：

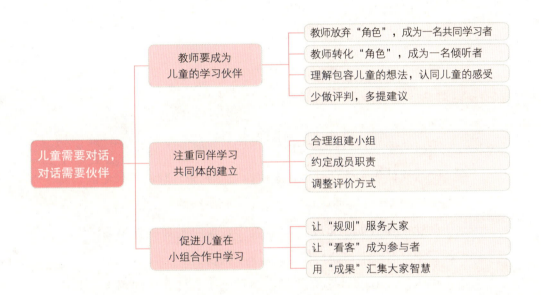

一 教师要成为儿童的学习伙伴

"我也是小组成员" ①

在"分数再认识"的课堂上，学生独立探究完"数学书封面的长有多少个纸条长？"这一任务后，教师参加了一个小组的交流。

乐于表达的小 A 同学首先说："我测得数学书封面的长是 4 个纸条长多一点，但觉得有点不对劲，暂时还没有具体结果。"

善于思考的小 B 同学接着说："我也遇到了和你同样的困难，但是我看剩下的部分占纸条的几分之几，通过调整，发现剩下的部分占纸条的 $\frac{1}{5}$，所以我觉得数学书封面的长应该是（$4+\frac{1}{5}$）个纸条长。"

小 B 同学说完，小组 4 个人的眼光不约而同地看向教师，显然大家在等待教师的意见，于是教师笑着说道："原来还可以这样想，我很受启发，谢谢！"

思维活跃的小 C 接下来说："是啊，我是用尺子测量剩余部分长度的。"接着不善言谈的小 D 马上说："我也想用尺子量，但要求的是多少个纸条长，所以我就没测量。"说到这里，他就看着教师说道："老师，您是怎么想的呢？"……

----

① 此教学故事由北京市海淀区七一小学张殿军老师提供。

在整个交流过程中，教师静静地倾听着，适时用"原来还可以这样想""有道理"等语句参加到讨论中去，学生们逐渐把教师当成小组成员，真实地表达自己想法。

"神奇的分数"[①]

全班分享阶段出现了以下对话：

小组1：我们觉得纸条长度不合适，如果纸条长一点儿或者短一点儿就能测量出来了。因此我们就用纸条长的$\frac{1}{2}$做标准尝试着测量，还是长一点儿，我们就继续用纸条长的$\frac{1}{3}$来测量，最后觉得纸条长的$\frac{1}{5}$还比较合适，所以我们的结果是$4\frac{1}{5}$个纸条长。我们不清楚这样做是否可以。（大部分学生的眼睛一起看向老师，等待老师的决策。）

师：我们组也研究到了这里，但我们也没有考虑清楚呢。想听听其他组的意见，请以理服人，各抒己见！

小组2：我们觉得这种方法可以，而且选择了这个纸条长的$\frac{1}{5}$来测量，结果数学书封面的长是$4\frac{1}{5}$个纸条长，边说边测量了起来。同学们跟着一起数起来：1、2、3……结果是$4\frac{1}{5}$个纸条长。

小组3：我们也是用纸条长的$\frac{1}{5}$来测量，但我们是一直用$\frac{1}{5}$做单位数，结果是$\frac{21}{5}$个纸条长。

师：别急，我们一起想想，肯定可以解决的。你们怎样理解$\frac{1}{5}$的？

大家纷纷说是分数单位，此时一名学生对大家说："我们觉得如果遇到其他的长度，还可以根据需要选择其他分数单位，如用$\frac{1}{4}$、$\frac{1}{7}$、$\frac{1}{12}$……进行测量。当初我们学习'厘米的认识'时，就是这样做的，分米不方便用了，就创造了厘米这个单位进行测量，道理一样，我们觉得此方法可以。"这时，同学们都说："对，对，道理是一样的。"

---

① 此教学故事由北京市海淀区七一小学张殿军老师提供。

师：如果大家都能用联系的方法来思考，相信大家会开阔思路的。

接下来，A 同学认为以前的计数单位与数位有关，分数单位不是这样的，与分母有关。分数单位真的很神奇！B 同学认为 $\frac{1}{7}$ 是满 7 进 1，$\frac{1}{9}$ 是满 9 进 1。最后大家一致认为分数单位是最基本的，每个分数都是由它相应的分数单位组成，如 $\frac{5}{6}$ 是由 5 个 $\frac{1}{6}$ 组成……

 吴老师说

　　这节课中，教师以一个学习者的身份参加小组学习。教师在小组中与全班交流时平等地与儿童沟通，让他们心情放松。教师没有把自己当成课堂的主导者、结论的判断者，而是以一个参与者的身份出现。教师在转变角色，陪伴着儿童，与儿童一起面对着困难，一起经历着探索的艰难，一起享受着战胜困难后的快乐。教师真正走近了儿童，理解了儿童。一节课下来，教师总是在使用"我们一起想想，肯定可以解决的""想听听其他组的意见，请以理服人，各抒己见！"等语句，看似简单的语言，但却反映出了教师对儿童的信任、尊重。教师做到的只是陪伴、隐身、参与、鼓励等，真正起到了无形引领的作用。

👍 为你支招

1. 教师放弃"角色"，成为一名共同学习者

你要参与到小组的学习中去，成为一名共同学习者。如果你总认为"自己都准备好了，都知道了"，那么在课堂上就会成为一名真理评判者，成为辨别对错的法官，就会有筛选地倾听儿童的办法和想法是否符合自己的意思，是否符合自己的观点。久而久之，儿童不是在学习，而是在猜

测教师到底想让他们说什么。很明显，这是假学习、假思考。在这个过程中，儿童很自然地把自己放在了教师的对立面，他们的思考不再是学习，而是迎合教师的想法。显然，教师与儿童站在两支队伍中了，结果很难成为学习伙伴。

教师不同角色对比

教师巡视小组学习	教师参与小组学习
找自己的标准答案、找与众不同的答案，巡视学生学习情况，看目标能否完成，以主导者的身份出现。	了解思考过程，了解学生学习起点与经验，站在学习者的队伍中平等地与学生交流。

你可以这样参与：

第一步：每天或每周连续参加一个小组的学习与交流。

第二步：在组中担任一个角色，与大家平等交流。

第三步：在交流中成为讨论者。

第四步：尽量不做总结式发言，不做强者。

你要蹲下来与儿童交流，要尊重儿童，转变角色，成为儿童学习的伙伴。如果你始终是与儿童在一起学习，始终与儿童站在一起，一起面对着困惑与挑战，儿童自然就把你当成学习的伙伴。

2. 教师转化"角色"，成为一名倾听者

当你放弃"我都会""我来教"的想法之后，就会全身心地去倾听儿童的声音，这时的倾听不再是法官式的倾听，而是以学习者的心态倾听了。此时，你会耐心倾听儿童，试着理解他们思考的合理性，而不会急于表达自己的观点与想法了。教师发声的频率减少，因而儿童发声的频率会提高，这样的交流更趋向于平等。谁不想让别人倾听自己的想法呢？这样做，你自然容易成为儿童的学习伙伴。

成为倾听者的具体策略：

教师在倾听时，做到侧耳倾听。

教师在倾听时，做到有表情地倾听。

当学生打断时，手指示意，我在倾听，别打断我。

我没有听明白你们的意思，能再解释一次吗？

我们要讨论的话题是什么？

我也是一名学习者，本节课也会有收获。

在倾听过程中，你会让儿童更专注、用心地表达自己的想法，让他们感觉到你对他们观点的尊重与重视。这样你与儿童的心在逐渐拉近，成为他们的学习伙伴便水到渠成。

3. 理解包容儿童的想法，认同儿童的感受

在人际交往中能成为伙伴和朋友的人，一定是相互理解、有共同语言、能不断争论的人。所以，教师在课堂教学中对于儿童的观点不要急于否定，首先要有一种认同感，让儿童解释自己想法的缘由。

遇到学生争论、发表与众不同的观点时，你该怎么办？

教师运用不同的语言对比

教师主观性语言	教师理解性语言
你听讲了吗？ 老师说的是什么意思？ 注意听讲就更好了。 我再给你讲一遍。 这次你听明白了吗？ ……	原来还可以这样想。 如果能提供证据就更有说服力了。 有自己的想法。 善于表达个人观点。 这样考虑也有一定道理，说说看。 我理解你们，请各自说明道理，以理服人。 ……

如果你经常用理解性语言，做到理解儿童的观点，就能给他们一种亲近感，能让儿童有尊严地坐下去。这样做，你同时也是在培养儿童去接纳、理解别人的观点。时间久了，课堂上充溢的是真正的交流，而不是你对我错的争论。

4.少做评判，多提建议

评判和建议会对儿童产生迥然不同的结果。评判隐含着一种最终裁决的意味，常常是针对过去付诸的努力。而建议是个人的看法，倾向于展望未来。建议意味着人与人之间可以展开共同的对话。

不同角色的教师使用不同的语言

教师是评判者	教师是建议者
你回答得真好。 回答完全正确。 我完全同意你的观点。 你这样是错的。 ……	如果画个图就会更清楚了。 如果能提供证据就更有说服力了。 如果结合 ×× 的观点肯定更完美。 如果再细心一点点，相信就更完美了。 如果考虑再全面一点点，又会怎么样呢? ……

 观点聚焦

只有读懂儿童，理解儿童，儿童才能发自内心地接纳你，教师才能成为儿童的学习伙伴。只有站到儿童的队伍中去，平等地与儿童交流，教师才能与儿童成为学习伙伴。

你的感想与实践

二 注重同伴学习共同体的建立

争 吵 事 件 ①

执教"交换律",教师用几组加法算式引入,学生初步认识到"在加法中,交换加数位置,结果不变"。教师提出:这种现象在加法运算中是不是普遍存在呢?在减法、乘法、除法这些运算中也普遍存在这种现象吗?出示活动。(见右图)

活动: $+$ $-$ $\times$ $\div$ ？ 交换位置,结果不变?

我认为:

我的解释:

在独立思考的基础上,开始小组交流:

生1:我觉得加法和乘法交换位置得数相等。减法和除法交换位置得数不相等。我的举例是……

生2(打断):不对,不对!

生3(组长):想发表不同看法等生1说完!

---

① 此教学故事由北京市海淀区七一小学常秀杰老师提供。

生 1（继续）：我的举例是，5+4=9，4+5 也等于 9，它们的得数是相等的。5×4=20，4×5 也等于 20；减法中，10-9=1，但 9-10 就不等于 1 了，等于 -1。所以减法两个数这样交换位置，得数是不相等的。然后是除法……

生 2（提高音量）：不对，减法中两个数如果一样的话，交换位置得数就相等，比如 50-50。

生 1（也提高音量）：那 5 减 4 等于 4 减 5 吗？你说说！

生 2（面红耳赤）：反正，减法中两个数如果一样的话，交换位置得数就相等。

两个人的大声争吵开始了，组长也无力阻止。教师的注意力被这个组的争吵声吸引了过去。简单了解"争吵事件"后，教师参与了这个组的交流。

师：孩子们，有理不在声高！要心平气和地发表意见。请听一听其他人的方法和意见。

生 4（小声地）：我把减法变成了一道题，10-9=1，就是有 10 个苹果，需要 9 个就够了，还剩下 1 个，9-10，表示有 9 个苹果，却需要 10 个，还差一个苹果，所以减法交换位置得数不相等。我同意生 1 的看法，现象要"普遍存在"，不是特殊情况时存在，50-50 只是特殊情况。

生 2（压低声音，不好意思地）：哦，我明白了！

生 3：我也同意在加法、乘法中交换位置结果不变，我是用画图的方法……

至此，这个组的讨论有序地进行了。课堂反思环节这个组都谈到了"争吵事件"给自己的启示。下面是"争吵事件"后这个小组制定的交流规则：

不能争吵；让每一个同学都发言；与前面同学相同的方法就不用说了；一个人发言时，其他人不能做自己的事情，不能打断；如果认为别人说得不对，要讲清道理；声音小一些，不影响其他小组。

 吴老师说

上述案例中，两名学生为什么会争吵？最根本的问题是学生没有"小组意识"，小组成员没有形成"同伴学习共同体"。

在以往课堂中，由于学生长期在班集体中"孤军作战"，一直以来的个体评价、竞争意识会阻碍学生融入小组合作学习的团体。合作学习重视团体合作，形成同伴学习共同体，学生不再是学习道路上的独行者，而是团体合作的主动参与者。

除了"争吵事件"，在促进小组形成学习共同体的过程中，还可能会出现很多问题。比如交流混乱，座位形式的改变使得学生异常兴奋，4个人面对面坐在一起，经常说话声音不断，独立学习时小声说，小组交流时也经常接到学生的报告："××总是捣乱"，"他们总是吵来吵去"，"他俩在一起说笑话"。再比如假倾听现象，每个人都急于说自己的意见，别人发言没有耐心倾听，出现"假装听""边听边走神""只听声音没听内容""只听不思"的现象。或嘲笑、批判别人的不同方法。另外，还存在话语霸权现象：个别学生在小组交流时"一言堂"，使得其他学生丧失话语权；在小组交流时个别学生不敢发言。

这些都表明学习小组还没有形成同伴学习共同体。

 为你支招

1. 合理组建小组

分组是进行合作学习的第一步，也是形成同伴学习共同体的前提和基础。它不仅承载着小组学习共同体的建立、小组文化的形成、小组合作技

能的培养，而且对今后小组合作学习的效能有着直接的影响。

　　合理组建小组利于小组形成学习共同体，是小组合作学习的首要任务。在进行分组时，首先必须考虑的是小组的规模。一般而言，小组规模以 4 人为宜。在确定好小组规模后，教师遵循"差异即资源"的理念，对学生进行异质分组。（见下图）

　　合理组建小组，首先要确定小组长，小组长是小组活动的组织者、带领者、协调者，不仅要有较强的组织与协调能力，更要赢得组员的信赖，才能带出团结、和谐、向上、富有凝聚力的小组。下图为组建小组的基本流程。

- 说一说你心目中的小组长是什么样的？推选小组长。
- 双向选择确定小组成员。
- 略微调整（学习水平、男女生比例）。
- 了解小组成员的优点与特长。

我推荐

　　根据各小组的运行情况，要定期对小组长进行培训，了解该小组的学习活动情况，并对小组长的工作方法与技巧进行有针对性的指导，提高小组长的工作能力。

2. 约定成员职责

分组并确定小组长后，小组成员协商分配角色，约定各个角色的职责，约定职责是小组形成学习共同体的关键。角色职责不是教师简单地告知，而是和学生一起讨论，让这个过程成为小组成员互相学习、接纳的过程。下图是约定的小组成员角色及职责，每个成员认真履职，会大大减少交流混乱、假倾听、话语霸权等现象，促进学习共同体的建立。

随着学习的推进，小组成员的岗位可以定期轮换。

- 小组长：解释学习任务；确定发言顺序；控制发言时间；辅导和关注同学学习；检查作业完成情况。
- 监督员：检查用具的准备、摆放；提醒同学专心学习、认真倾听、轻声发言、不偏离学习内容。
- 维护员：设计小组展示区，维护展示材料，及时更换展示内容，保持展示区整洁、美观。
- 材料员：收发作业，领发学习材料，保存小组作品，整理小组材料（如学具、组牌等）。

其实，不同班级可以根据具体情况约定小组成员角色及职责，如小组长、发言人、记录员、鼓励员、时间提醒员、声音控制员、追问员、解释员、评估员等角色，根据需要自主选择。总之，组内"事事有人管、人人有事干"。

角色分工后，可以为学生制作"角色卡"挂在胸前，角色卡正反两面，正面为角色名称，反面为具体职责，这样便于学生很快找到自己的"岗位"，有角色意识，认真履职。

3. 调整评价方式

小组合作的课堂评价与传统的评价相比，更多是针对"组"的评价，引导学生树立组的意识，在学生中形成互助合力，让其积极互赖，形成学习共同体。首先，小组合作的课堂评价以过程评价为主，帮助学生认识自我、认识他人，培养学生的责任感。其次，评价主体和评价形式都发生了改变，有学生自我评价、同伴评价、小组评价、组间评价、教师评价等多种评价方式。（见下表）

小组成员职责评价表

	小组长		监督员		维护员		资料员	
	自评	互评	自评	互评	自评	互评	自评	互评
周一								
周二								
周三								
周四								
周五								

注：出色完成本职工作为三星；较好完成为二星；基本完成为一星。

有了职责评价表，对学生自觉完成本职工作能起到一定的监督作用，特别是有些教师看不到的方面，组内成员却能很好地观察了解，能更好地发现自己、他人、本组或它组的优点，相互学习，这样既能促进小组成员合作的积极性，又能形成一种组与组之间的竞争氛围。

另外，除了利用评价量表，引导小组进行自我反思评价，也能对小组工作的开展起到推动作用。反思事小，贵在坚持。

观点聚焦

同伴学习共同体的建立，标志着小组的真正形成，标志着同伴间对话的真正开始。同伴之间互相包容、互相接纳、互相欣赏、互相支持，有共同的奋斗目标、共同的行为标准、共同的责任，他们分工协作，为共同的目标努力。

你的感想与实践

三 促进儿童在小组合作中学习

"谢谢你的不懂" ①

教学"小数除法"的课堂上，学生自己探究 18.9÷6 后，进行四人小组交流，教师选择了"天马行空"小组进行观察。

小雨是个爱思考的小男孩，是小组里的活跃分子，他率先介绍自己的竖式计算方法："我用竖式计算，18 除以 6 商 3，9 除以 6 商 1，余数 3，补上 0，30 除以 6 商 5，所以答案是 3.15。"

小涵的表达能力很强，能把思路说得清清楚楚，经常代表他们小组发言，她不紧不慢地说："我同意你的方法。我是这么解答的：把 18.9÷6 中被除数乘 100，转化成 1890÷6，得到 315，再用 315 除以 100，得到的结果就是 3.15。"

旁边的霏霏虽然成绩中等，但是很严谨，很认真，前

```
        3.15
    6 ) 18.9
        18
         9
         6
         30
         30
          0
```

———————————

① 此教学故事由北京市海淀区七一小学朱凤书老师提供。

两个同学在发言的时候，她一直认真听着，说自己的方法之前，还评价了一下两个小伙伴："小涵的方法我没有想到，变成整数除法计算了，我同意；小雨的方法和我的很相近，我是分步计算的，答案也是 3.15。18÷6=3，0.9÷6=0.15，3+0.15=3.15。"

最后一个是他们小组成绩最差的小钟同学，他的练习本上仅仅列出了一半竖式，18 除以 6 商 3，然后就一直停在那里不知道怎么办。现在轮到他发言了，他不好意思地摆弄着练习本，说："我不会，也不懂你们的方法。"

"我们三个人的答案都是 3.15，我们都是对的，你为什么不懂？"小涵感到奇怪，小雨和霏霏也看着小钟，小钟更不好意思了。

显然，这个小组里的小钟同学不能参与到小组学习中，自己没有方法，也听不懂其他同学的想法，其他同学也不知道怎样应对他的"不懂"。

教师建议他们问问小钟不懂的地方。小雨说："我的方法，你哪里不懂，请问我。"小钟看着小雨写出的竖式，问："为什么写上 0？"小雨显然没有思考过这个他认为"天经地义"的事情，一时不知怎么解释，小涵和霏霏也说："当然是 0 啊，难道还是别的数吗？"短暂的思考之后，小雨说："我觉得之所以补上 0，是因为添加 0 不影响数的大小，3.0 和 3 相等，添上其他数就不一样了，例如 3.1。"小涵"哦"了一声也帮着解释："而且，你看是不是小数末尾本来就有无数个 0，只是我们没有写出来，不够除的时候就显现出来了。"他一边说一边在被除数 18.9 的后面添上好几个 0。霏霏同学说："我觉得补上 0 的方法有点像小涵的方法。"她指着竖式继续说："3 表示 3 个 0.1，补上 0 以后的 30 就表示 30 个 0.01 了。"小钟终于明白了竖式的方法，高兴地完成了自己的竖式，小雨说："哦，我自己的方法我都没有想这么多，多亏了小钟的提问。"

"天马行空"小组 5 分钟的交流是卓有成效的。因为，四个人的讨论促进了每个人的思考和学习。在全班分享的时候，教师介绍了他们小组交流的过程，特别肯定了这个做法——重视你们小组"不懂"的同学。因为"不懂"，才会提出问题；有了问题，又会促进思考；思考深入了，认识就会提升。在这个"提问—解释"的过程中，所有人都有了提高。

吴老师说

　　小组学习不仅为每一个小组成员提供了表达自己想法的机会，也提供了了解伙伴想法的机会。每一名儿童的学习经验、认知水平、生活经历不同，他们学习数学的方式和结果也会千差万别，这些差异表现为学习提供了丰富资源。这些资源是否被小组成员注意到，是否诱发大家的思考，直接关系到每一个儿童在小组中学习的成效。

　　上述案例中表现出的个别儿童的问题值得关注，学习困难的儿童理解同伴的方法常常感到困难，教师如果不能有效促进同伴之间的互相学习的能力，不能让有想法的同学介绍自己的想法，而没有想法的同学听不懂其他人的想法，并且不被其他人关注，久而久之，小组学习就会名存实亡，表面热闹，实则无效。

　　事实上，不同年级的儿童、不同班级的儿童遇到的困难都是不同的，即便是同一个班级中不同小组面临的问题也会有所不同。了解不同小组的特点以及他们在互动过程中存在的问题，是有效开展"对话"教学的前提，这需要教师深入了解每一个儿童的特点，在每节课关注小组的互动状态，发现问题后给予及时有效的指导，从而促进每一个儿童在小组内的学习。

为你支招

1. 让"规则"服务大家

在合作小组建立后，你要和小组成员共同探讨需要遵守的一些规则，把这些规则整理成易于学生理解记忆和运用的形式，并依据需要随时调整规则。这样不仅可以指导学生的小组学习生活，也为他们提供了参与民主程序的机会。

下面是三年级学生在教师带领下约定的规则：

学生在教师带领下约定的规则

独立学习	小组交流	全班分享
①安静、独立思考。 ②努力尝试想到的办法。 ③有思考过程（画图、算式、文字等）。 ④充分利用时间，还有其他想法吗？	①轮流发言。 ②倾听、尊重，我受到什么启发？ ③发言者声音适当，有理有据。 ④倾听者不打断、不插话。	①发言小组：小组分工，共同呈现。 ②倾听，回应。 ③同意、评价、补充、启发、质疑……

这些来自儿童的规则正是针对他们自身情况量身定制的。随着学习的深入，最初制定的规则已经跟不上学生小组学习活动的步伐了，这就需要适时适度地调整规则，逐步提高要求。

下面是不同阶段小组内发言与倾听的规则：

- 发言：重点突出，有理有据
- 倾听：听懂回应，提问补充

高年级

- 发言：有条理，语言简洁
- 倾听：边听边想，是否听懂

中年级

- 发言：声音小，有顺序
- 倾听：看对方，认真听

低年级

在小组学习的进展中，每一个阶段都可以有这种停下来回顾、制定新的规则的活动，它是推动小组效能不断提高的有效策略。

2. 让"看客"成为参与者

进行小组学习的课堂上，儿童交流、互动、回应、质疑、讨论环节热烈而有效。但在这热闹的背后总有一些特殊的儿童，他们几乎从来不当小组的代言人，在小组学习中只是被动地听，要么是对于学习内容感到困难（例如开头案例中提到的小钟），要么是胆小不善表达，怕说错，还有一些学习习惯不好的儿童独立活动时就没有认真思考，小组讨论时没有任何想法，自然只能当听众。

这时，你可以和其他同学协商，每个小组中学习困难的儿童使用特殊加分的方法进行评价，以此促进这些儿童的参与。评价的指标由小组制定并提出。例如，针对不敢发言的，让他在小组内优先发言，只要说出答案或方法或者说明自己听懂了什么，就可以给予特殊加分；对于学习有困难实在不懂的，只要他能够听懂伙伴的方法就给予特殊加分。总之是用多把尺子做衡量，多种措施做激励，增强他们参与小组学习的热情。

此外，学习活动的设计要能够满足所有儿童的学习需求，让学习有困难的儿童也能够参与其中，并能够从自己的经验出发完成学习任务。

3. 用"成果"汇集大家智慧

儿童在进行小组学习前要知道达到的目标是什么，这不仅是儿童学习的动力和方向，也是发展儿童自主学习能力的关键。在开头谈到的案例中，小组中的三个同学面对小钟同学的"不懂"从不同角度进行解释，显然他们很清楚小组学习的规则"人人得到关注"和学习目标"解释这样算的道理"。在小组建立之后，儿童应该讨论并逐渐完善小组学习的规则，小组的学习目标需要你在课堂中利用 PPT（幻灯片）、学习单或者其他形式让每个成员了解到。

例如，"小数除法"一课，小组学习目标如下：

①小组成员轮流介绍自己计算 18.9÷6 的方法和道理。

②倾听大家的想法，思考每个人的计算道理，总结共同的收获。

③准备和大家分享。

特别值得关注的是第三条，这就是小组学习的"组成果"，它是在个人学习成果的基础上，经过小组成员"对话"形成的、高于个体学习成果的成果，是全班分享的资源，这一条可以放在任何一节课的学习之中。

当然，儿童汇总、整理小组学习成果的能力也不是自然就有的，需要你悉心指导。像前面案例提到的"天马行空"小组就可以将"为什么补 0 继续除"作为小组的学习成果。

以下是常用的总结提炼小组成果的方法：

总结提炼小组成果的方法

方法名称	具体操作
共识	我们都认为……，因为……。
争议	我们分享交流中的分歧是什么？我们是怎样解决的？
困难	我们在学习中遇到的困难是什么？是怎么解决的？
方法	在学习方法上我们小组有哪些进步？哪些值得和大家分享？哪些方法对于今天的学习有帮助？
思考（或提问）	通过小组学习，我们还有一些问题……

要结合小组具体使用的情况，让儿童逐渐了解各种策略，结合本组学习的实际情况进行恰当的选择。

 观点聚焦

真正好的课堂是儿童自然相处，是遇到困难时自然地求助，是发

现惊喜时自然地分享，没有炫耀，没有伪装，是儿童发自真心的真诚的一段经历。

你的感想与实践

第三部分

儿童需要对话，

对话需要分享

我喜欢分享，分享可以使我更加聪明！分享自己的智慧与思考予他人，聆听同伴间的分享使自己的思维得到发展。

——北京市朝阳区呼家楼中心小学五年级（1）班学生

白居易曾经说过："乐人之乐，人亦乐其乐；忧人之忧，人亦忧其忧。"说的正是分享的道理。儿童在课堂上也需要分享，以实现知识、思维、情感的共营。

每个儿童在分享过程中都要不断地经历思考、倾听、表达和质疑的过程。在这个过程中，不同程度的儿童都能得到发展，成绩好的儿童根据同龄人共有的年龄特点、共有的兴趣和语言指导需要帮助的组员，在指导的同时能够引发他们更深层次的思考，促使他们得到更好的发展。得到帮助的儿童在完成学习任务的过程中，经过自己的努力，把自己的思维过程与全组进行分享，能引发组员的思考，同样为学习任务的完成贡献了自己的一分力量，他同样赢得了组员的认同与尊重。

本部分包括四方面建议：

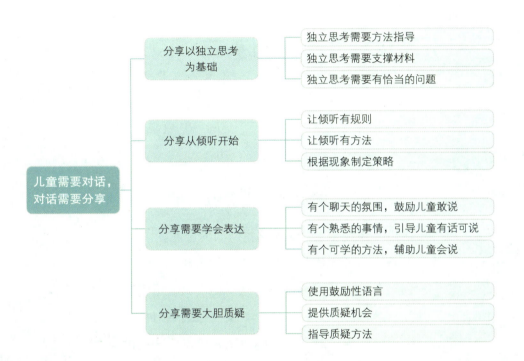

儿童需要对话，对话需要分享

分享以独立思考为基础
- 独立思考需要方法指导
- 独立思考需要支撑材料
- 独立思考需要有恰当的问题

分享从倾听开始
- 让倾听有规则
- 让倾听有方法
- 根据现象制定策略

分享需要学会表达
- 有个聊天的氛围，鼓励儿童敢说
- 有个熟悉的事情，引导儿童有话可说
- 有个可学的方法，辅助儿童会说

分享需要大胆质疑
- 使用鼓励性语言
- 提供质疑机会
- 指导质疑方法

一 分享以独立思考为基础

跳一跳够得着吗？

"烙饼问题"一课主要通过讨论烙饼时如何合理安排操作最节省时间，让学生体会在解决问题中优化思想。课始，出现了一幅生动有趣的情境图：妈妈正在烙饼，信息提示烙饼的方法"每次只能烙两张，两面都要烙，每面 3 分钟"。在研究烙 1 张、2 张、4 张……最省时的方法后，紧跟着研究烙 3 张饼怎样烙最省时？教师的意图是想发挥学生的自主性，让学生独立思考，在纸上画一画，写一写。本以为学生在前面研究的基础上会想到方法，事实上只有一两个孩子认为是 9 分钟，绝大多数人认为是 12 分钟。明知道学生遇到困难了，走流程进入组内分享环节，可想而知组内分享的状况：有些组在研讨，研讨无序，1 人说为主；有些组每个人都说了思路，但交流内容属于同一水平，思维无法深入；有些组的组员似乎对这个问题还没有想明白，索性都低下头各干各的……最后，教师只能包办代替。

跳一跳够得着啦！

还是"烙饼问题"，出示主题图，了解信息，教学环节设计和上面案例一般无二，也是先研究烙偶数张饼，再研究烙奇数张饼，进而发现规律。所不同的是这位教师预知学生独立思考的困难，为学生提供了学具"小圆片"，上面标注正、反面，同时，借助表格让学生把思考的过程写出来。经过师生共同讨论烙 1 张饼和烙偶数张饼最优方案，学生厘清了方法和思路，教师可以放手让学生独立思考烙 3 张饼最省时的方法，学生借助教师提供的材料，展开独立思考，两三分钟后，结果认为是 12 分钟的居多，一些学生还在研究。教师继续静静地等待，又过了几分钟，教室里发出恍然大悟"哦"的声音，结果认为是 9 分钟的出现了，1 人、2 人、3 人……还有学生始终没有想通，这时老师提示可以和组员分享你的发现了，教室里一下子沸腾了起来。各组有序开展分享，说的学生很认真，听的学生静静地听，听后进行补充和质疑，有不同想法的接着进行分享。

下面是教师提供的研究烙 3 张饼的研究材料。（见下图及表）

正　　　　反

烙饼次数	饼1	饼2	饼3	最少用时（分）
1				
2				
3				
4				
…				

吴老师说

　　独立思考是儿童进行交流与分享的前提与条件。"数学是思维的体操"，如果每一名儿童在课堂上都能积极思考问题，不管思考的结果如何，只要有思维的过程，我们可以说这样的数学教学是成功的。现今有些课堂，教师没有给儿童创造独立思考的环节，或是刚把问题展示出来，就让儿童分享交流，没有给足独立思考的时间，儿童还没来得及认真审题，独立思考，头脑中根本没有形成自己的答案与见解，导致分享目的无法达到。

　　这两个案例，教师都创设了独立思考环节，但相比之下第二节课儿童思考得更充分，原因是教师预估到儿童思维的困难，给了推进独立思考的支撑材料。案例中第二位教师提供了小圆片和表格，儿童通过动手"摆一摆"呈现真实烙饼场景，同时记录下每次烙饼所用的时间，有助于发现规律，儿童"跳一跳就够着了"。另外，第二位教师对于独立思考的指导到位，组内研讨秩序井然。个体深入的思考促进分享交流的效果，而有序地分享为儿童创造了针对同伴发言再思考的良好环境。可见，独立思考是分享的基础，两者又互为所用。

 为你支招

1. 独立思考需要方法指导

　　学生独立思考前，先建立规则。独立思考时不与别人交流，尝试自己解决问题，管理好思考时间，不做与学习无关的事。独立思考的方法，审清题意是关键。首先对题目中的重点信息进行批注，筛选出不明白的，或

是似懂非懂的信息，往往这些信息是解决问题的关键，弄明白后再次回归"问题"，开始在头脑中构建解题思路。（见下图）

独立思考的过程需要充足的时间，在这一过程中你要关注儿童对问题思考的进展，经过充分的思考后，当儿童对问题思之有得或思之不得之时，应当满足儿童好分享的天性，允许伙伴间、小组中的交流与分享。每节课上都要有独立思考的环节，坚持落实，使之成为习惯。

2. 独立思考需要支撑材料

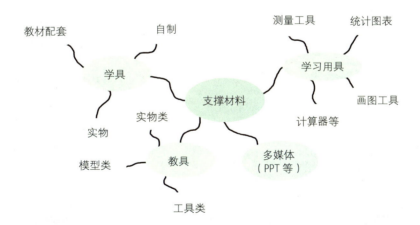

（1）学具。

儿童具有爱玩、爱动的天性，借助学具为儿童创造操作活动的机会，不仅体现儿童学习的主体地位，同时也符合儿童的年龄、思维特点。如：

在教学"三角形的认识"时，儿童可以把三根长短不同的小棒围成不同类型的三角形，在不经意的摆弄中，儿童轻松地了解到三角形是由三个角、三条边、三个顶点组成的，再通过对三角形、正方形、长方形、平行四边形等不同形状学具的拉动，总结出只有三角形才具有的特性——稳定性。

（2）学习用具。

学习用具是儿童在独立思考解决问题时会经常使用到的工具，解决问题时对于学习用具的选择很重要，合适的学习用具可以帮助儿童解决问题。

（3）多媒体。

在教学中运用多媒体，教师运用得最多的就是 PPT 了。突破难点，激发思维，是 PPT 在小学数学教学中的重要作用。如概念的引入、定律法则的发现、公式的证明、数形结合理解算理等，往往需要用到 PPT "动画演示"，从而变抽象为直观、变静为动，突破教学难点。如人教版教材六年级下册"负数"教学，特级教师刘德武老师从减法算式引出负数，抹去算式呈现一列数，一列数装饰一下变成了温度计，在学生能正确读数后，放平这列数引出数轴，理解正数与负数可以表示意义相反的量。同时借助数轴研究平均数，借助数轴，数形结合，很快就了解到平均数位置在给出的两个数的中间位置。可见借助 PPT "动画演示"，可以使得抽象数据直观化。（见下图）

（4）教具。

教具的恰当使用可以帮助儿童突破难点，对儿童独立思考解决问题是很好的助力。

3. 独立思考需要有恰当的问题

小学数学教学内容可以分为三类，规律性、规则性、解决问题，只有明确每一类问题的关注点，才能提出恰当的问题，引发学生的思考。（见下图）

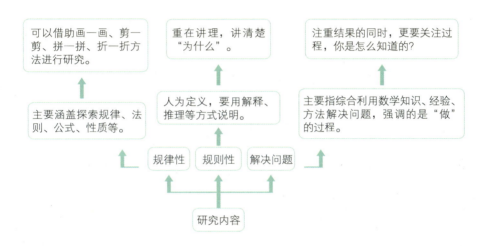

 观点聚焦

"学而不思则罔，思而不学则殆。"孔子的这句至理名言道出了独立思考在学习中的重要性。只有经过独立思考，儿童对问题有了思路与答案，才能很好地在组内进行分享。思考好比播种，分享好比果实，播种愈勤，收获也愈丰。

 你的感想与实践

二 分享从倾听开始

你听懂了吗？

教学"平行四边形的面积"一课时，学生汇报如下——

生1：我一开始的平行四边形是这样的，然后我把左边这个三角形剪下来，放到右边。这就成了一个长方形，（指着转化后的长方形的宽）这个就是长方形的宽。（把三角形移回去，还原成平行四边形）这就是平行四边形的高。（指着底）这个就是平行四边形的底，和长方形的长是一样的。然后用平行四边形的底 × 高就是平行四边形的面积，（看了同学一眼，想了想又说）长方形的长 × 宽就是长方形的面积。

教师整理生1的想法

生1：你们听明白我的想法了吗？还有什么问题吗？（同学们：听明白了，没有。）

（这时，教师没有急着纠正学生，而是等待，给学生思考的时间。）

师：他刚才说了什么？怎么说的？

生2：其实，这个三角形放这边来（加了一条辅助线），这边还有一个三角形，合起来就

教师整理生2的想法

是一个长方形，先求出这个大长方形的面积，再求出小长方形的面积，合起来就是这个（指着转化后的长方形）的面积。

这是分享过程中经常会出现的现象：学生对于自己想要表达的内容颠三倒四，不能有条理、有重点地说出来，而当他问："你们听明白我的想法了吗？还有什么问题吗？"大多数学生都会说"听明白了""没有"。但是他们真的听懂了吗？还是因为他的方法跟自己的一样，他们不是听懂了，而是觉得自己会这种方法？还是对于和自己不一样的方法，不能耐心倾听，判断其对错，只是简单地以结论看正确与否？甚至是根本没听懂别人在说什么？

有 问 有 答

在解决"5米的（　　）是$\frac{5}{4}$米"时——

生1：这个题有两种方法，可以用方程解，就是$5x=\frac{5}{4}$，然后解出 x 就行了。还有就是用总共的5米除以$\frac{5}{4}$米（$5\div\frac{5}{4}$），求出来就是答案。

（说完后，生1看向同学，有几秒的等待。）

生2：我觉得你那个好像错了。

（其他同学附和：对，好像答案不对。）

生1：噢，对，写反了，应该是$\frac{5}{4}\div5$。

生3：为什么是$\frac{5}{4}\div5$，而不是$5\div\frac{5}{4}$呀，你能解释一下吗？

生1：嗯……

生4：我帮你吧。大家都知道对应量÷对应率＝单位"1"，那现在5米是单位"1"，$\frac{5}{4}$米是对应量，要求的是对应率，所以对应率应该等于对应量除以单位"1"，所以是$\frac{5}{4}\div5$，而不是$5\div\frac{5}{4}$，大家听懂了吗？

在这个片段中，当生 1 出现错误时，大多数同学能根据自己的方法、自己的计算结果看出其对错，并且生 3 在看到生 1 只是简单的反过来时，还提出了"为什么"，说明部分学生不仅仅关注了结果，还有意识地关注了其思考过程。

 吴老师说

　　小学生年龄小，容易出现注意力不集中、不持久，不善于捕捉信息，理所当然等现象，这些都会影响学生的倾听。就像第一个案例，生 1 说得不清楚，生 2 还觉得"咱俩"的想法一样。他不是没听，而是没完全听懂。原因是他看到结果是一样的，也都是把平行四边形转化成长方形，但是他却没注意到生 1 是拼成了 1 个长方形，而他是拼成了 2 个长方形。而在第二个案例中，因为结果明显不同，因此学生能够很快发现错了，继而引发追问："为什么？"

　　在课堂上大多数学生只想着怎么说出自己的想法，却很少静下心来理解别的同学的想法。倾听不同于听见，听见是一个生理过程，取决于如何对声波的震动做出反应，是一种被动的行为。而倾听则是一个将注意力集中于当前声音的有意识的行动，具有个体主观努力的特征，与个体的主观感受有关，是一种主动的行为，也就是人主动参与的听。在这个过程中，人必须思考、接收、理解，并做出必要的反馈。好的倾听者，不仅要用耳听，更要用心"听"。

　　学会倾听，是新课程标准乃至未来人才培养目标中的一项重要指标。就学习而言，学会倾听能使学生博采众长，弥补自己的不足；也能使学生萌发灵感，触类旁通；还能使学生养成尊重他人的良好品质。因此，在小学数学教学中应重视对学生

进行"倾听能力"的培养，让学生学会倾听、有效倾听、乐于倾听，使学生在倾听中提高，在倾听中增智，在倾听中创新。

 为你支招

1. 让倾听有规则

《孟子·离娄上》："离娄之明，公输子之巧，不以规矩，不能成方圆。"其意是做任何事都应有一定的准则约束，否则是做不成事的。因此，无论做什么事都要有一定之规，倾听也不例外。（见下表）

倾听的规则

要专心	当其他同学发言时，要认真听他说的每一句话，脑子里不想其他的事。
做记录	当听到重点时、当听到不懂的词或句子时、当对别人的观点有疑问时……会使用关键词做适当的记录。
不插话	当其他同学发言时，我不插话，等别人说完了我再说。
不排斥	当我的观点与其他人的观点不同时，不要理所当然地认为：我的才是对的，而不听别人的观点。
不盲从	在听取他人意见时不能盲从，要有选择地接受，要边听边思考其对错。

"倾听规则"是学生应该遵守的，它不仅是维持良好秩序，达到有效倾听的重要保证，更是让良好的倾听习惯持续下去的前提。

2. 让倾听有方法

中国有句古话叫"授人以鱼不如授人以渔"，说的是传授给人以知识，不如传授给人学习知识的方法。倾听也是有方法的，如下页图所示。[1]

---

① 此图片由北京市海淀区七一小学提供。

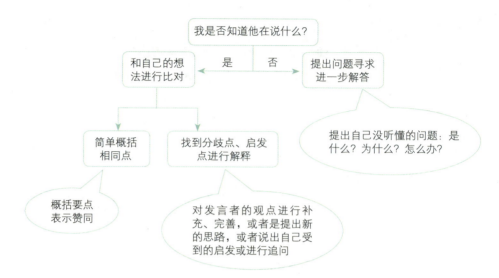

好的倾听是能够理解别人的观点，能够感受到自己的观点，意识到自己的想法与别人的想法的异同。倾听的过程是接收、理解信息的过程，是求同存异、互相借鉴、形成新的思考的过程，是进一步交流、讨论的前提。

3. 根据现象制定策略

课堂中，我们能清晰地感受到谁在认真地、投入地听，谁在假装听，而谁又在开小差，针对不同的情况，我们该怎么办呢？

根据现象制定策略

现象举例	解决策略
明显没听、"假听"。	增加每个学生发言的机会，督促他们不得不听，哪怕是简单的重复。
听而不懂、听而不思。	① 借助倾听的流程，训练学生的倾听能力。 ② 让学生转述别人的发言，逐步学会抓住别人讲话的精髓，达到真正理解的程度。 ③ 遇到自己有疑义的地方多用"能不能""是不是""我可以这样理解吗"等提问方式与对方交流想法，以确认自己的理解是否正确。

续表

现象举例	解决策略
听而不耐，急于发言。	① 强调"倾听的规则"，要尊重他人。 ② 请他"猜一猜"：你能说说他（发言人）接下来还想要说什么吗？并与他（发言人）的想法进行印证。其目的是要他明白，没有完整了解别人想法的时候，我们很容易片面地理解别人的意思，甚至是曲解别人的意思。
问题简单，不需要听，对于理解力较强、学有余力的学生而言，课上的内容很容易理解或已在课外班学过。	上课时可以适当地设计一些需要他"跳一跳"才能够得到的内容，给他一个思考的空间。 让他成为"小老师""错误稽查员"等，让他感到他不仅仅是独立的个体，还是整个集体的重要成员。

　　学生听的方法和倾听的能力不是一朝一夕就能形成的，而必须经过长期反复的训练。因此，结合学科的特点，根据不同的训练目标、要求，采用不同的训练方式、方法，进行强化训练。锤炼学生的倾听能力，养成良好的倾听习惯。让学生在听中生疑、听中解惑、听中积累、听中成长。

观点聚焦

　　在规则的约束下，在方法的引领下，让儿童认识倾听，了解倾听，并自主尝试倾听。

　　不同的儿童有不同的问题，寻找适合他的解决策略，帮助每个儿童养成善于倾听的好习惯。

 你的感想与实践

三 分享需要学会表达

你的想法我怎么没想到

课堂上，在学生已经理解什么是组合图形后，教师设计了合作学习，探究组合图形的面积。

经过独立思考和小组交流后，很快进入全班分享展示交流阶段。这是学生们最喜欢的活动。

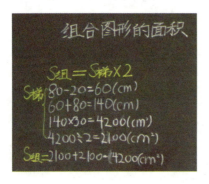

组一：有两种方法。

方法一：这个组合图形的面积计算方法我们没有接触过，我们就想把它变成熟悉的图形。我们把它分成了两个完全一样的梯形，再计算梯形的面积乘2。（见左图）

很多学生无法第一时间做出判断，举起绿灯[①]。

---

① 红绿灯是小组合作学习的一种工具：举红灯表示不同意别人的看法，举绿灯表示同意别人的看法，举黄灯表示自己有不同看法要补充。

教师："把你们组的思考过程清晰地表达出来。"

方法二：把它分成一个正方形和两个完全一样的三角形。（见下图）

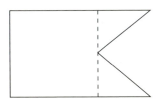

这时一个红灯闪出："我觉得你的想法是可以的，但是这个方法要计算三个图形的面积呢！不如上一个简捷。我觉得分得越少越好计算。"

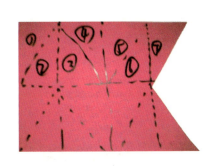

"那可不一定，分得多我也可以简单。可以把这个组合图形分成一些相等的三角形（见左图）……"说着组一的学生便在学具上画起来。"像这样，只要计算一个三角形的面积再乘14就可以……"

红灯慢慢落下："这个我倒没想过，原来如果分成一样的图形，多点儿也可以。谢谢你们组的提示……"学生们惊奇地说："那可分得太多了，分也分不完！"全班响起了赞许的掌声。

可谓"两指弹出万般音"。

组二：不但有组一分图形的方法，还有不同的想法。

方法三：组合图形再添个三角形就变成了长方形。用长方形的面积减去一个三角形的面积就可以了。（见右图）

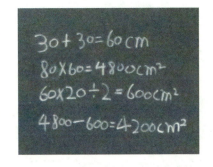

"我们和他们的不同之处是：他们拆分组合图形，我们填补组合图形；相同之处是都想把组合图形变成学过的图形……"

组三：还有不同的想法。

方法四：把这个组合图形从中间剪开，再将其中一个图形旋转和另一个图形拼在一起，就可以拼成一个长方形，只要算一个长方形的面积就可以了。

"我们和他们的不同之处是：他们一组拆分组合图形，一组填补组合图形，我们是一边分一边补；相同之处都是想把组合图形变成学过的图形……"

同学们纷纷跟进："也可以拼成平行四边形，拼成梯形也可以。"看来这个想法引起了共鸣。

"这种大胆的剪开图形的方法真好，我怎么就没想到呢？"一位小男孩遗憾地嘟囔着……

交流并没有就此止步——你喜欢哪种方法？为什么？

安静片刻，学生们又开始交流起来：

"分得少或分成完全一样的图形，方便计算。"

"明显缺少的就补一块儿。"

"有相同数据的才能尝试割补。"

"哪种方法都得有数据，没数据也是一场空。"

……

学生在反思交流中明白，要根据已知条件对图形进行分解，要考虑尽量用简便的方法计算。真正实现不同层次的学生能在数学上有不同的发展。

教师总结道："说得太好了，我不但为多种方法点赞，为你们的讲解点赞，为你们在分享交流中的清晰质疑思辨点赞。没有最好只有更好，所以我更为你们在交流中发现了最佳方法点赞。"

吴老师说

上述教学片段中，儿童兴趣盎然，始终以积极的态度、主人翁的姿态投入每一个环节的学习中。我认为教学成功的关键在于儿童通过分享表达得到了知识，逻辑思维、语言思维等获得了发展。

说到儿童的语言表达能力，很多人会认为语文学科对培养儿童的表达能力具有不可推卸的责任。其实不然，《义务教育数学课程标准（2011 年版）》明确提出了"在数学教学中必须充分发挥学生的主体能动性，增强学生的参与、交流、合作意识"。那么，儿童进行参与、交流、合作时的思维载体——语言，就变得尤为重要了。

在上述案例的数学教学中，儿童就组合图形面积的计算方法在交流中不断地提问回答，就拥有了智慧；儿童在学习中敢于突破常规，能独立思考，能不断交流反思自己的思考过程，不人云亦云，有自己的见解，就拥有了智慧；学习中善于与人交流与沟通，能有条理地、清晰地阐述自己的观点，能与他人交流思维的过程和结果，就拥有了智慧。而这些其实都离不开语言的表达。

现实的数学课堂中，我们发现由于语言表达能力的薄弱，尤其是数学语言表达能力的缺失，导致相当一部分儿童在课堂上回答问题时，词不达意，或往往书面表达也缺乏条理，写得凌乱不堪，并且总是不能紧扣题目本身。分享交流时儿童的表达就分了几个层次。

拒绝表达——不管有没有解题方法，从来不在班级分享时发言。

应付式表达——为了应付完成小组内每人都发言的任务，只是用一两个字、词或公式，干巴巴地回答。

有选择地表达——对于自己感兴趣的问题或者有把握答对的问题会主动发言。

积极地表达——积极讲述自己的观点，并对不同的观点进行提问或解释。

为你支招

1. 有个聊天的氛围，鼓励儿童敢说

案例中师生"互教互学"，彼此形成了一个真正的学习共同体。师生情感融洽，才使学生敢想、敢问、敢说。对"初学说者"或"说得不太好者"给予鼓励和扶助，使其充满信心，增大勇气，不怕说错，大胆表达。如当儿童说不出时，就为那些不敢说话的儿童创造机会——遇到比较简单、容易说的题，多鼓励其站起来大胆地说出自己的想法和解题思路，同时肯定儿童的点滴进步，让他们在每次小小的尝试中感受"说话"的乐趣和成功的愉悦。为鼓励儿童的上进心，在儿童平时课堂说话过程中，给他们提出"可以三次撸起袖子"：即撸起袖子补充、撸起袖子修正、撸起袖子重说。并给儿童一个语言的模块：夸—评—补—问。

夸—评—补—问语言模块

先夸夸	评一评	补充一下	我的问题
在 ×× 同学的讲解中，哪些地方思路特别清晰。	你的发言我给评： ★ ★ ★ ★ ★	我还有个想法，不知是否正确，想展示一下。	①我还有不明白的地方，请你帮我讲一讲。 ②我有个问题想问你一下。

2. 有个熟悉的事情，引导儿童有话可说

在现实生活中，很多儿童是"话篓子"，很能说，可一到上数学课，就不知道怎样说了。"所有智力方面的工作，都依赖于兴趣。"围绕一个主题让儿童讲数学故事、给同学们介绍读物、课前 2—3 分钟的环节设置、数学分享会等小活动不仅能调动儿童的学习兴趣，而且能够使儿童的认知因素和情感因素共同参与到学习活动中来，并在学习过程中提高语言能力。

例如，在综合实践"一亿有多大？"数学分享会小活动中，你可以

提供适当的帮助和指导，善于选择当中有价值的问题和建议，引导儿童开展讨论，以寻找解决问题的方法。引导儿童根据生活的经历，小组讨论，很快，一只只小手就举起来了，通过讨论得出："一亿张纸有多大面积？""一亿张多大的纸呢？"你可以把问题抛给他们。"一亿张 A4 纸有多大面积？""一亿张 A4 纸摞起来有多高？""一亿分钟有多长？"再如，儿童在学习"小数乘法"时，你可以创设买学具的熟悉情景："一个练习本 1.5 元，买三个多少元？"……这样的问题都是儿童经历过，而且感兴趣的，你只要稍加点拨，儿童就能够在小组讨论中畅所欲言，自行解决。这样不仅使儿童在讨论中锻炼了口头表达能力，训练了儿童的思维能力，而且加深了他们对知识点的理解，收到了一举两得的效果。

3. 有个可学的方法，辅助儿童会说

儿童在数学课上仅仅敢说、爱说可不行，还要能组织语言，把观点说清楚，让其在数学语言模块中学会表达。

数学语言模块举例

计算课	解决问题	概念课	图形的测量（面积、体积）
①我是怎样算的？（算法） ②我的计算依据是什么？（我为什么这样算）（算理） ③还有其他的算法吗？（多样化） ④哪种算法合适？（几种算法之间的联系是什么）	①读题，说重点信息。 ②我想到的关系式是什么？ ③我是怎样列式计算的？ ④我的方法对不对？ ⑤还有其他的方法吗？	①数或形的特征是什么？ ②我是怎么发现这一特征的？（测量、计算、实践验证……） ③是不是所有的数或形都有这样的特征？ ④这个特征在生活中的应用有哪些？	①我是如何把陌生的图形转化成熟悉的什么图形的？ ②两个图形之间的联系是什么？ ③我是如何根据已知知识找到新图形的测量公式的？ ④还有其他方法吗？

在计算教学中激励儿童说算理，在解决问题教学中鼓励儿童讲思路，在操作中重视儿童说过程。儿童长期在数学课上得到这样的训练，他们的

思维就能有理有据。

你要抓住精确的数学语言与用词，培养儿童的思维能力和表达能力，提高儿童的综合素质；同时，仍应结合新课程的教学理念，不断争取把儿童培养成学习的主体。让儿童自己去研究，去探索，去表达。大胆地给予儿童向他人展示自己思考、解题过程的机会。你还可以故意设计一定的教学情境与空间让儿童自由地发挥，让儿童畅所欲言，从说理中训练和培养儿童的数学思维能力。儿童交流表达自己的意见时，有的教师就完全退了回去，最多就说三句话"很好，有道理，谁还有别的想法"，这样的做法看似对儿童尊重，却有放任自流的嫌疑。儿童各自的观点是多种多样的，而他们交流表达的目标又是基本统一的，你的作用就在于适时地评价、点拨、补充、引导儿童对某一种问题达成共识。这就要求你要善于分析每一位发言者的思路，及时捕捉并放大发言者透露的有价值的信息，并提供给其他儿童参考，这样才能促使儿童交流、表达、互补。所以，你不仅要善于"退回去"，还要敢于"站起来"。

观点聚焦

"数学是思维的体操"，除让儿童具有自然语言表达能力外，更要具有运用数学语言（文字和口头）表达数学思维过程和结果的能力。

你的感想与实践

_____

_____

_____

_____

四 分享需要大胆质疑

 ··

两派之"争"[1]

二年级学生学习完"有余数除法"后，教师设计了这样一道题目：

二（1）班有35人去春游。

小汽车限乘5人（包括司机）　面包车限乘9人（包括司机）

如果都坐小汽车，最多可以坐满几辆车？

这道题目学生解决得非常顺利，全班学生都能够运用有余数除法正确解决问题。

生1：小汽车限乘5人，除了司机之外，还能坐4人。我列的算式是 $35 \div 4 = 8$（辆）……3（人），如果都坐小汽车，最多可以坐满8辆小汽车。

生2：我有补充，这道题要注意关键词"坐满"，一共有35人，只能"坐满"8辆车，剩下的3人不能坐满一辆车了，所以我认为是8辆。

---

① 此教学故事由北京小学长阳分校王洋老师提供。

在两位学生发表完自己的想法后，全班学生一致同意。

紧接着，教师又出示了一个问题：

> 如果都坐面包车，应租几辆？

教师巡视后发现学生中出现了两种答案，大多数学生认为是 4 辆，少数学生认为是 5 辆，面对这一分歧，教师没有急于讲解，而是给予学生分享交流的机会，学生分成两派展开了争论。

甲方：面包车限乘 9 人，除了司机之外，还能坐 8 人。我列的算式是 $35÷8=4$（辆）……3（人），一共有 35 人，可以坐满 4 辆，还剩 3 人，所以我认为需要 4 辆车。大家有什么问题吗？

乙方：我想问你一个问题，剩下的 3 人就不去春游了吗？

甲方：去春游呀，但是通过计算，只能坐满 4 辆车。

乙方：剩下的 3 个人可以再坐一辆车，也就是 $4+1=5$（辆），需要 5 辆车。

甲方：可是题目中说"面包车限乘 9 人"，剩下的 3 个人也不够一辆车呀？

乙方：题目中说的是"限乘"9 人，也就是"最多"坐 9 人，不够 9 人也没关系，只要不超过 9 个人就行，所以那 3 个人可以再坐一辆车。

甲方：那第一道题我就是这么做的，怎么就对了？

乙方：第一道题是问咱们能"坐满"几辆车，第二道题是问"都坐面包车，需要几辆车"，关键是得让二（1）班的所有人都上车，而不是"坐满"几辆车，两道题是不一样的。

乙方：我有补充，第一道题不用让所有人都上车，第二道题必须让所有人都上车，剩下的几个人还需要一辆车，就得再加上一辆车。

甲方：哦，我明白了，是得需要 5 辆车，4 辆车的话，有 3 个人上不去。

学生之所以出现分歧，一方面是因为学习完"有余数除法"后，学生已形成思维定式，认为计算后的"商"就是答案，缺乏结合生活实际解决问题的能力；另一方面，是对"限乘"的意思理解不准确。

课堂上，由于学生原有的知识经验和生活经验的不同，面对同一问题，常常会出现不同的答案。教师要为学生创造分享交流的机会，让学生在分享的过程中大胆质疑，在思维碰撞的过程中加深对知识的理解，从而提升认知水平。

 吴老师说

　　"学起于思，思源于疑。"儿童学会学习的第一步就是学会自己主动地提出问题，主动地提出问题正是学习的开始，提出问题比解决问题更重要。

　　在上面的故事中，很高兴能够看到两派学生大胆、自信地向对方提出质疑。认为答案是 5 辆车的学生首先质疑："剩下的 3 人就不去春游了吗？"直击问题的关键之处，引发了学生之间激烈的争论。认为答案是 4 辆车的学生也大胆地提出自己心中的困惑，通过对问题"3 个人不够一辆车呀？"的讨论，学生明白了"限乘 9 人"的意思，不够 9 人也可以坐一辆车。通过对问题"第一道题我就是这么做的，怎么就对了？"的讨论，辩出了第一道题和第二道题的不同。教师"一题多变"的设计，就是为了打破儿童的思维定式，不能认为"商几"答案就是几，而是要结合生活经验来解决实际问题，显然很多儿童掉进了教师预设的"陷阱"。儿童通过质疑从"陷阱"中爬上来的过程，正是儿童思维提升的过程，正是积累解决问题经验的过程。

　　儿童精彩的"对话"，首先，源自教师营造的宽松、容错的课堂氛围，打破了儿童的心理障碍，不以出错而感到难堪，儿童建立了心理的安全感，敢于大胆地问出自己心中的困惑，并且敢于大胆地向同学质疑。其次，源自教师善于制造思维的矛盾和推波助澜式的引导，为儿童提供提问的机会。当有儿童遇到困难时，教师并不急着解决，而是鼓励儿童分

享、讨论，使儿童在"质疑"的过程中越辩越明。最后，在日常教学中，教师要指导儿童质疑的方法，让儿童掌握一些质疑的策略。

质疑是推动思维的原动力，使儿童的学习真正发生。二年级的小朋友都能这样做，这给我们一个启迪，只要教师相信每一个儿童都是"质疑"高手，给予儿童充分的时间和空间，儿童定会享受"质疑"的愉快之旅。

 为你支招

1. 使用鼓励性语言

很多学生不敢质疑的原因是怕出错，怕受到教师的批评和同学的嘲笑。因此在课堂中，你要有意创造一种容错氛围，多引导学生大胆提出自己的问题，哪怕是他们提出的问题比较简单，甚至与学习内容无关，你也要及时对他们敢于质疑的勇气给予肯定和表扬，这样学生就会逐渐消除自己的顾虑，增强质疑的信心，变得善于质疑。

你可以从以下几个方面进行尝试：

评价语言	"提出问题比解决问题更难，你太会思考了。" "你挺会提问的，我怎么没想到问这个问题呢？" "你很会动脑筋，这个问题太有价值了！" "我很欣赏你勇敢地问出自己的困惑，让我们大家帮助你。" "谢谢你的问题，给我们大家带来了这么好的讨论话题。"
表情语言	微笑；惊奇。
体态语言	目光注视；点头；竖大拇指；拥抱；握手；鼓掌。

2. 提供质疑机会

同样是故事中的这道练习题，不同的教师可能会有不同的做法。故事中的教师，正是抓住了这个让学生产生问题的情景，大胆放手，给学生们提供了质疑的机会。试想，如果教师选择了自己直接讲解，而不是让学生去质疑、讨论，他们就错过了一次质疑的机会，错过了一次思维提升的机会。

在日常教学中，除了可以通过创设问题情境的方式为学生提供质疑机会之外，你还可以通过"问课题""问图""问人""问己"的方式给学生提供质疑的机会。教师作为课堂上的一名引导者、组织者，要善于抓住时机，做一名努力为学生提供质疑机会的有心人。

3. 指导质疑方法

科学家伽利略曾说过："你不能教人什么，你只能帮助他们去发现。"学生真正学会质疑，就要掌握一些质疑的方法。有了质疑的方法，学生才能在教师精心创设的宽松、容错的氛围中，在教师给予质疑的机会时，提出自己的困惑，提出有价值的问题。

因果质疑

这是一种最常用的质疑方法，学生每见到一个现象，都要想一想原因，对于所学的每个概念，要知道是什么，更要多问几个"为什么"，做到知其所以然。

举例：学习"平行四边形面积"时，学生质疑："为什么是底乘高？""为什么不是底乘邻边？"引发学生的进一步研究。

比较质疑

从学生已有的认知结构出发，通过比较相互关联或相类似的概念、过程、规律的异同，从而提出质疑，找出解决类似问题的方法。

举例：学习"5以内的减法"时，学生质疑："加法的两个加数能反过来，减法中的两个数为什么不能反过来呢？"通过解决问题，学生对加、减法意义的理解更深刻。

联系质疑

找出一种概念与另一种概念外在的或内在的联系进行质疑，从而促进对所学知识的深化理解。

举例：学习"8、7、6加几"时，教师为学生提供了看课题提问的机会，学生质疑："8、7、6加几与9加几有什么联系？"它们的联系就在于都应用的是"凑十法"，一下问出了一节课的核心问题。

What if not...

"What if not"的意思是：如果它不是这样的，那又是怎样的呢？即对原文的属性进行否定，改变某些属性来产生一些合理的新问题。

举例：学习"圆的认识"时，在发现了圆在自行车的车轮上的应用后，学生质疑："如果自行车的车轮不是圆的，那会怎样呢？"通过解决问题，学生更加理解"圆，一中同长也"的本质属性。

 观点聚焦

"质疑"是儿童分享的灵魂。儿童学会质疑，犹如拥有了打开知识宝库的钥匙，他们会由被动接受的"容器"变成主动获取的"探索者"，实现教师"教是为了不教"的教育理想境界。

 你的感想与实践

第四部分
儿童需要对话，
对话需要活动

教师应向学生提供充分从事数学活动的机会，帮助他们在自主探索和合作交流的过程中真正理解和掌握基本的数学知识与技能、数学思想和方法，获得广泛的数学活动经验。

——《义务教育数学课程标准（2011年版）》

　　课堂中，我们应该通过活动的设计，让儿童在教学活动中成为主体，变教为学，这样才能够让我们的"教"真正改变为为儿童的"学"服务。我们在数学活动的设计中，要以儿童的生活和现实问题为载体和背景，以儿童的直接体验和生活信息为主要内容，把教科书中的数学知识巧妙而灵活地转化为数学活动。

本部分包括三方面建议：

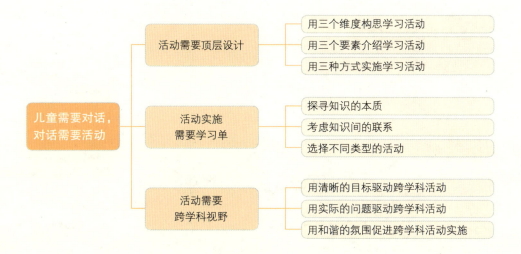

儿童需要对话，对话需要活动

活动需要顶层设计
- 用三个维度构思学习活动
- 用三个要素介绍学习活动
- 用三种方式实施学习活动

活动实施需要学习单
- 探寻知识的本质
- 考虑知识间的联系
- 选择不同类型的活动

活动需要跨学科视野
- 用清晰的目标驱动跨学科活动
- 用实际的问题驱动跨学科活动
- 用和谐的氛围促进跨学科活动实施

一 活动需要顶层设计

教学故事

拯救失败的活动设计 [①]

北师大版小学数学教材五年级上册"分数的再认识"一课，李老师设计的学习活动如下。

借助身边的物品或者画图，表示 $\frac{1}{4}$。

你对 $\frac{1}{4}$ 有哪些新认识？

在巡视学生学习情况时，李老师发现学生表示 $\frac{1}{4}$ 的方式大多雷同，画一个圆或者一条线段，将其平均分成 4 份，其中一份标出 $\frac{1}{4}$。（见下图）

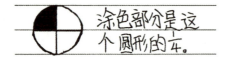
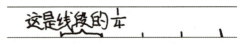

有三年级初步认识分数的基础，学生对于 $\frac{1}{4}$ 的理解和表示都是正确的，但是这个活动并没有起到促进"学生进一步理解分数意义"的作用，这节

---

① 此教学故事由北京市海淀区七一小学朱凤书老师提供。

课要帮助学生理解分数的相对性，即分数表示的具体数量随着单位"1"数量的变化而变化。显然，学生个体学习结果的趋同性无法承载接下来的交流与分享，无法通过学生之间的对话促进学生学习的深入。这说明，课前预设的活动和课堂教学目标之间有"距离"，不能完全匹配。

课堂上李老师机智地选择了一个画苹果表示 $\frac{1}{4}$ 的同学（见右图），顺势提出新的探究活动：$\frac{1}{4}$ 除了表示这样一小块苹果，还可以表示多少苹果？请想办法表达你的想法。

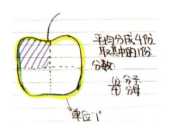

小组第二次投入学习活动。

这次学习效果很好。

小佟同学：$\frac{1}{4}$ 既可以表示一小块苹果，也可以表示一个苹果。（见下图）当一个单位"1"确定了，$\frac{1}{4}$ 就确定了。

小衡同学：还可以表示各种、任意数量的苹果，1、2、3、4……

小莹同学：不仅可以表示整数个数的苹果，也可以表示小数个数的苹果，例如6个苹果，平均分成4份，每份是1.5个苹果。（见下图）

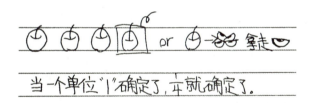

小凯同学：分的整体不仅可以是整数，也可以是小数。例如，1.6 个苹果平均分成 4 份，每份是 0.4 个，可以用 $\frac{2}{5}$ 表示。

课堂气氛一下子活跃起来，学生们纷纷对 $\frac{1}{4}$ 发表感想："哦。原来 $\frac{1}{4}$ 是多变的。""变化多端的 $\frac{1}{4}$。""$\frac{1}{4}$ 有概括性，可以包括所有的数。""因为整体在不断变化，所以 $\frac{1}{4}$ 就随着变化。"……

吴老师说

　　儿童喜欢活动，课堂上教师如果通过适当的体验性、探究性活动组织儿童学习，不仅符合儿童好探究、好动手的天性，也能够促进儿童高阶思维的卷入。案例呈现了一节课中调整前后效果迥异的两个活动设计，后者之所以有好的效果，重要原因之一是活动的开放性、复杂性和不确定性比前一个活动增强了，为不同儿童创造了个性化思考、个性化学习的空间。

　　儿童喜欢自己做主，当儿童表现出"我能做决定"的态度时，他们能体验到更多的主动性。课堂教学活动化设计恰好满足了儿童的心理需求："我的任务是什么？""我将如何解决它？"当我们通过活动鼓励儿童去问自己时，就是在鼓励他们对自己的学习承担更多的责任。好的活动能够提供给儿童更多的选择机会。案例中的两个活动，前者给学生选择的空间是"不同的材料或对象"，表达的结果是 $\frac{1}{4}$，由于儿童追求简洁、便捷，绝大多数选择一个圆形表示 $\frac{1}{4}$，造成学习结果的单一；后者紧紧围绕"理解分数的相对性"这一教学目标，给儿童更多选择权，如材料可选、数量可选、结果可选等。"选择性"是好活动的重要标志。

👍 **为你支招**

1. 用三个维度构思学习活动

可以尝试从"长度""宽度""高度"三个维度设计一个学习活动。（见右图）

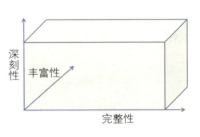

"长度"指思维的"完整性"，要"从头到尾"思考问题。"宽度"指思维的"丰富性"。解决问题策略和途径的多样性、差异性；表达方式的个性，看问题视角的独特性等；允许不同层次的学生都能够以自己特有的方式参与其中。"高度"指思维的"深刻性"，让活动具有挑战性。

来看一个例子，五年级下册"长方体体积"一课的活动（见下图）。该活动为了满足完整性的需求，采用了"退"的方式，离"长方体体积公式"这一结果远一点。体积不就是对空间大小的度量吗？活动设计为"度量"活动，在度量体积的过程中发现规律，从而得到体积计算方法。从丰富性上看，课堂上学生确实呈现出丰富的解决问题策略：可以进行填充、复制、测量、计算等活动得到体积，仅就填充而言，又可以有完全填充，部分填充，只在长、宽、高上摆放填充等不同方法。深刻性和挑战性体现在不同材料带来的难度，第一个是空心框架，第二个是实心木块，第三个是需要空间想象力的长方体，三个材料难度逐渐增加，随之而来的是学生需要分析被测的特点，找到适当的方法。

个人活动：研究体积

借助 1 立方厘米的体积单位研究长方体的体积，并进行简单记录。

（1）空心框架。

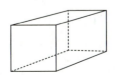

（2）4厘米×4厘米×4厘米的实心木块。

（3）文字叙述的长方体。

> 长6厘米
> 宽4厘米
> 高3厘米

2. 用三个要素介绍学习活动

一个好的活动要清楚告诉学生"做什么事""资源有哪些""完成的标准"（见下图）。例如，上面谈到的"长方体体积"一课所设计的探究活动："要做什么事情"——找到给定三个长方体的体积；"有哪些可用资源"——被测三个长方体和测量工具1立方厘米的小正方体若干；"完成到什么程度"——得到体积以及获得结果的方法。当然，还要告诉学生完成活动的时间。

3. 用三种方式实施学习活动

根据数学内容的特点，可以设计以下三种不同类型的活动。（见下页图）

对于未知的规律、法则、公式、性质等内容，可以设计"发现'是什么'"的活动。比如"商不变规律""有趣的算式"等。

有些"是什么"只是一个事实性的结论，学生已经知道这个结论的时候，可以设计"解释'为什么'"的活动。其实很多教学活动是把这两种类型融合在一起的，比如探索"平行四边形面积"，不仅要探索是什么，还要解释为什么。

第三类是"寻找'怎么办'"的活动，这需要学生综合利用数学知识、经验、方法解决问题。

观点聚焦

一个好活动，要具有开放性、有意义、有吸引力、有挑战性的特点，在承载教学目标的同时，激发儿童的好奇心和探究的欲望。

你的感想与实践

教学故事

······································

给学生一杯什么味道的"水"?

案例一：教师在教学"万以内数比较"时，设计了这样一个学习单。（见下图）

学 习 单

一、观察图片，说一说三种家电的价格是多少元？记录下来。

2413 元	3593 元	825 元
①	②	③

二、①与②比较，哪种家电价格贵？说明理由。

三、①与③比较，哪种家电价格贵？说明理由。

四、同桌两个人合作，试着归纳出比较万以内数大小的方法。

学生按照教师所提供的学习单按部就班地解答出来，但课堂氛围沉闷，学生主动性不强，就像是学生还不渴的时候喝下一杯白开水。

案例二：比赛场上的"长方形"。

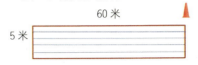

相对于"学习单一"（见左上图），"学习单二"（见右上图）通过对"接力"比赛方案的设计与探讨，引起学生对于解决一个问题的不同思考。因为"周长问题"与学生要解决的"活动问题"联系得更加紧密，在迁移到周长计算中时，更多学生选择用"一个长与一个宽的和再乘 2"的方法，而最容易理解的"长 + 宽 + 长 + 宽"方法反而成为次选。

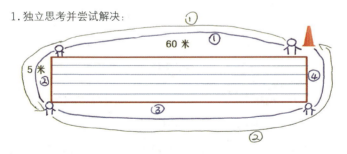

由于学校操场的特殊情况，用"一个长与一个宽的和再乘 2"的方法，学生们认为是最公平、合理的选择。

数学课堂中，你要给儿童留下自主学习的时间和空间，并以儿童生活中的需求为出发点，放手让他们自己去尝试、探究、猜想、思考与交流。

作为课堂中引领儿童进行探究活动的支撑点，学习单设计不能和以往的课堂教学设计简单地混淆。学习单不能只是作为简单一点的教案，更不能只以简单的一道道习题的解答作为课堂学习的主线。"万以内数比较"学习单的设计，像一杯无味道的水，简单青涩，怎么能够引起儿童研究的兴趣？

在"长方形周长"学习单二的设计中，由于教师给儿童任务的巧妙改变，激发了儿童想要解决问题的需要与兴趣，儿童的头脑中产生了非要把"接力比赛"这件事弄明白的欲望。这种贴近儿童生活情境的问题探究，更利于儿童建立数学模型的学习单设计，可以引发儿童多层次的思考、感悟。儿童经历了由具体的数学问题抽象出长方形周长计算的模型的探究活动后，对其相关知识系统的学习会起到重要的作用。这就像一杯回味悠长的山泉水，既能为儿童解决"口渴"问题，也能让其汲取成长所需的养料。

学习单在课堂中的有效运用，无论是在课堂教学的组织形式、课堂教学的实效性上，还是在学生数学综合素养的形成上，都起着越来越重要的作用。但学习单设计中存在浅显、青涩等问题，还需要教师进一步聚焦学习单的设计与实施。

👍 **为你支招**

对学习单所进行的教学设计，需要在知识内容上根据不同儿童的认知规律、数学本质特征、能力发展要求对课堂中的问题任务进行设计。

1. 探寻知识的本质

中国人常说"知其然，还要知其所以然"，这是一个由表及里的过程，更是一种探寻知识本质的求索过程。学习单的设计，不能只是停留在认知的表层，只有对知识的本质进行溯本求源的追寻，掌握知识的来龙去脉，登高望远，才能把握好学习单设计的主线。对于数学知识本质的思考可以从数学知识的以下几个方面进行探寻。

对于数学知识本质的思考的探寻方向

内容	解释
历史性	从历史的视角探寻知识发生、发现的原生点及历史演变。例如，除法竖式的产生过程及发展，对学生理解算理、算法有帮助。
贯通性	就是知识间的普遍联系，这种联系有时是显性的、直接的，有时是隐性的、间接的。例如"商不变性质"和"小数除法"之间就是一种显性并且直接的联系。
综合性	数学知识是生活实践的高度积累与概括，是个性与共性的统一，具有显著的综合特性。
人文性	数学课程与教学中应当重视人文内涵与其"语文性"，让学生通过语言、文字理解数学。例如，让学生用分数的知识来解释什么是"一知半解""茶七饭八酒满"。

把这种追寻到的数学知识本质形成历程，融入学习单的设计中，有目的地突出知识的本质，建立联系，才能激发起儿童的学习兴趣，促进儿童对于数学知识的理解。

2. 考虑知识间的联系

数学的严谨在于它的逻辑性，它像一棵根、枝、叶连接紧密的大树，其中所有概念和技巧逻辑严密地联系在一起，形成一个统一的整体。学习单设计中能充分利用知识、思想、方法间的关联性，把孤立的知识串成"线"，连成"网"，如此获得的知识才具有再生性，才能随时通畅地被提取和运用。知识间的联系方式多种多样，前后存在着严密的逻辑与规律。数学课程中知识间的联系方式大致可分为：相对意义的联系、相容意义的联系、因果意义的联系。数学课程中存在着广泛的知识关联性，学习单设计中的一个基本原则是，如此多的内容分布在各个年级的小学数学课程之中，不可能指望在一两个课时里完成。知识的习得、方法的掌握和思想观念的形成是一个渐进的过程。因此教师应当熟悉这些内容及其关系，根据所教儿童的年龄特点和认知规律在各个年级的教学中逐步渗透并加以运用，才能使儿童对数学知识结构的掌握上下纵横、点线相连，从而更高效地理解并运用好所得。

3. 选择不同类型的活动

针对儿童学习目标的达成，在设计学习单时，要根据知识的不同属性，具有针对性地进行设计，才能更深入地帮助儿童建立好知识结构体系。

例如，"圆的认识"属于"发现"的知识，无论什么样的圆，都有其本质不变的特征。这就需要通过观察和比较不同的圆来建立起对圆的认识。可以设计：提供3组不同工具（剪刀与A4纸、直尺与铅笔、铅笔与绳）来制作一个圆。

学习单：利用老师提供的工具制作一个圆，说一说你为什么这样做？

通过对制作的观察与比较达成学习目标。

而对于"发明"的知识，就需要根据知识的本质，让儿童经历自主发明的过程，感受数学中文字语言、图形语言及符号语言之间的关系。例如，"分数的初步认识"，可以先让儿童经历一个圆形纸片平均分的过程（将一张纸对折，平均分成两部分）。

学习单：用你觉得恰当的方式来表达 $1 \div 2 =$ ？这个结果，并向你的同伴说一说你的想法。

通过经历"发明"的过程，了解分数的含义。

 观点聚焦

　　要坚持以创设适宜儿童的真实的数学活动情境为依托，通过突出数学本质、实现知识关联、依据知识属性等不同数学内容的探究，让儿童以在问题解决中相互合作和利用学习单进行探究活动，来支撑起他们的数学课堂学习。

你的感想与实践

三 活动需要跨学科视野

杠杆只能撬动地球吗？ [1]

"给我一个支点，我可以撬起整个地球。"这是物理学家阿基米德一句家喻户晓的名言。从小学科学课的角度分析这句话，大家可以知道杠杆具有省力的作用，可是，不知老师们是否思考过，如果让数学介入杠杆中，会产生怎样神奇的效果呢？下面就请大家一起见证奇迹。

当六年级学生学习完反比例这一知识后，我们的数学老师组织学生开展了一次跨学科的综合实践活动。这次活动紧紧围绕"能利用杠杆尺测算出一瓶水的质量吗"这个问题展开。学生们被这个问题深深地吸引住了，马上开始了探究活动。

学生们首先研究了这样一个问题：我们在杠杆尺的左侧4厘米的位置悬挂3个钩码时，要想使杠杆尺保持平衡，右边用几个钩码、悬挂在什么位置呢？大家采取小组合作的方式，一位同学稳定住左边的钩码，一位同学小心翼翼地调整着右边钩码的个数以及钩码与中心点的距离，当杠杆尺

① 此教学故事由北京市密云区第六小学王化伦老师提供。

呈现出平衡状态后，学生们成功的喜悦溢于言表，第三位同学则迅速地将实验数据记录下来。实验就这样井然有序地进行着。（见右图）

当学生把实验数据收集在一起后，大家通过对数据有序地整理，发现了右边钩码个数以及右边距离变化的特点，还有相对应的量的乘积不变的规律，从而感受到在杠杆尺中也蕴含着反比例的关系，即：左边个数 × 左边距离 = 右边个数 × 右边距离。（见下表）

右边钩码个数与右边距离变化的特点

左边个数（个）	左边距离（厘米）	右边个数（个）	右边距离（厘米）
3	4	1	12
		2	6
		3	4
		4	3
		6	2
		12	1

杠杆尺中隐藏的这一奥秘被学生破解了。那么，我们能不能利用这一发现去解决"一瓶水的质量是多少"这个问题呢？学生提出了自己的

解决方案，并付诸了实施。（见左图）

学生利用自己的实验数据，借助反比例关系，计算出了一瓶水的质量。此时此刻，大家突然意识到：反比例的作用实在是太大了，它使我们突破了伟大的科学家阿基米德对杠杆的认识——"可以撬动地球"这一功能的限制，使一根简单、普通的杠杆尺具有了杆秤的新功能！奇迹展现在了学生的面前，而这一奇迹的出现，则来源于这一跨越学科的实践活动。

 吴老师说

对于反比例这一概念的学习，以往我们更多的是借助概念，让儿童判断数学中的相关联的两个数量是否存在反比例关系，这很大程度上就像一个进行机械判断的机器人。但是，我们的儿童，都是一个个活生生的人，作为小学数学教师，我们应该站在儿童全方位发展的角度，思考这样一个问题，即数学学科的壁垒可不可以打破？

"杠杆只能撬动地球吗"这个故事给我们带来了一些启发：教师设计了"能利用杠杆尺测算出一瓶水的质量吗"这样一个问题，将数学中的反比例和科学课中的杠杆有机地结合在一起，学生围绕这个问题，通过小组合作、动手实验、数据处理、发现规律、解决问题等一系列有效的活动，培养了学生的问题意识、应用意识，使学生积累了活动经验，提高了他们解决现实问题的能力，实践了《义务教育数学课程标准（2011 年版）》中提到的"通过义务教育阶段的数学学习，学生能体会数学与其他学科之间的联系"这一目标。应该说，像这样的跨学科视野下的数学综合实践活动，既关注学生的实际获得，也更加重视对学生数学核心素养的培养。

 为你支招

1. 用清晰的目标驱动跨学科活动

你可以尝试以明确的目标为驱动来设计跨学科活动。因为目标可以给人的行为设定明确的方向，使人充分发挥自己的潜能，调动一切可以调动的因素为实现既定目标而努力。

比如上面提到的"杠杆只能撬动地球吗"这个故事，学生的心目中就明确了这样一个目标——要利用杠杆尺测算出一瓶水的质量。任务是明确的，但是解决这个问题的方法是未知的，是需要进一步探究的，因此，学生就带着这样的任务开始了探究活动，在活动中学生发现了杠杆尺中蕴含的反比例关系，利用这一关系，学生最终借助杠杆尺测算出了一瓶水的质量。

通过这个例子，你可以得到以目标为驱动的跨学科活动的一个基本流程。（见下图）

2. 用现实的问题驱动跨学科活动

你还可以以现实的问题为驱动来设计跨学科活动。这里所说的现实的问题最好是学生身边的、和他们有着密切关系的问题，而且这样的问题如果仅仅凭借单一学科的知识、经验是很难完成的。

比如北京市海淀区七一小学开展的"校园一角"跨学科活动。校长亲自向六年级的学生宣布：要对"校园一角"进行设计，并将在全年级进行设计方案的征集活动，征集到的方案将用于校园建设。面对这样一个现实的问题，学生产生了一种强烈的责任感，他们根据设计理念的异同组成设计团队，团队成员在共同完成任务的过程中，经历了测量、收集数据、利用电脑绘制图纸、撰写设计文案等活动。在这些活动中，也时刻得到了数学、语文、信息技术、美术等多学科教师的鼎力相助，甚至是家长团队的支持，最终呈现在大家眼前的是丰富多彩的设计方案。

可见，设计以现实问题为驱动的跨学科活动，你要紧紧围绕现实问题这个核心任务，整体设计，统筹安排相应学科的课时，多科联动，注重学生有实际获得的活动过程，静心期待学生们多样成果的竞相绽放。（见下图）

3. 用和谐的氛围促进跨学科活动实施

跨学科活动有效实施首要的是要有一个好的问题。这个问题的设计应该建立在对学生多个学科知识、经验整体了解的基础上，具有一定的挑战性、现实性或者趣味性的特点，使学生能够以这个问题为引领开展有意义的活动。

跨学科活动有效实施的关键是要有一个好的团队。这个团队可以是班级内原有的学习小组，也可以是学生根据兴趣爱好、性格特点、任务特点等实际情况自发组建的新团队，团队成员在活动过程中发挥各自优势，在合作、交流、分享、互助中解决问题，进而提升每个学生的综合素养。

跨学科活动有效实施的保障是要有一个好的合作机制。这里的合作指的是各学科教师之间的合作、协调，为了一个目标的达成、任务的实现，共同为学生团队提供全方位的支持。（见下图）

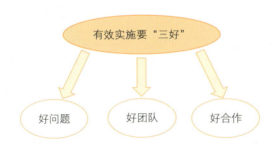

 观点聚焦

　　如果一个活动是建立在跨学科这一视野的基础上的话，相信这个活动通过精心设计和有效实施，一定能全方位地提升学生的综合素养。

你的感想与实践

第五部分
儿童需要对话，
对话需要环境

> 环境对一个人的成长起着非常重要的作用，良好的环境是孩子形成正确思想和优秀人格的基础。
>
> ——瑞典教育家爱伦·凯

环境对人生存和发展的影响，就年龄而言一般是成反比的，年龄越小受环境的影响就越深刻。这是由儿童身心发展的特点、环境所具有的教育价值两方面决定的。对以实际操作活动和直接经验为心理发展基础的儿童来说，受环境的影响非常大。可以说儿童是在与环境的交互作用中得以发展的。

儿童对话的语言能力是在运用过程中发展起来的，语言能力的发展，需要教师利用心理效应，建立平等、民主、友好、和谐的对话关系，从而创设一个使他们敢说、能说、会说并能得到积极应答的对话环境。我们要关注天时，创设适宜的语言环境；关注地利，创设适宜的学习环境；关注人和，创设适宜的心理环境。如果具备了天时、地利、人和的"战场"优势，在儿童"对话"能力培养的"战役"中，必定告捷。

本部分包括三方面建议:

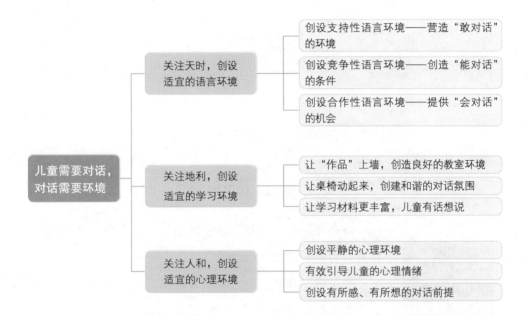

一 关注天时，创设适宜的语言环境

教学
故事

"豆渣工程"①

许多老师都见过这样的竖式吧？（见左图）在我的课堂上也没有悬念地出现了。

师：哦？你是如何得到结果的呢？

生1（说得头头是道）：您看，42除以2，得21，再用2乘21，得42，42减42等于0。

生2拿出小棒来演示，熟练地分起来，先分整捆的4个十，再分单根的2个一。

生1：哦，我这样写看不出来是先分哪儿，再分哪儿。但是无所谓呀，反正我一下就能算出来。

的确，数简单时，这样的竖式倒是还能行。可是当数比较大时，就会出现麻烦。（见左图）

这种缺少必要计算过程的记录，很难体现除法

---

① 此教学故事由北京市西城区黄城根小学薛铮老师提供。

竖式的价值。可是生 3 常常写成这样，算不出的过程就在旁边写草稿，机械地认为除法竖式只要呈现计算结果就可以了。怎么办呢？

师：同学们，谁有好办法让同学 3 不再出现这样的问题呢？薛老师真发愁呀！

学生们陷入沉思，不一会儿就有了好点子。

生 4：374 除以 3，商应该是几位数？

生 3：应该是 3 位数。

生 4：那如果是分小棒，需要分几次？

生 3：三次。

教师引导学生回顾分小棒的过程。

生 4：对，那么这座竖式高楼就得是 3 层，每一次分小棒都要盖一层，可是这个高楼怎么就只盖了一层呢？

大家小声笑了起来，有个学生大喊："豆渣工程呗！"

大家笑作一团。

后来，我常常用"豆渣工程"提醒学生，学生就在"豆渣工程"的启发下，又提出了"环保工程"（见右图）。学生们在笑声中逐渐加深了对除法竖式的理解。

 吴老师说

很多公开课上，教师过于追求所谓的"标准答案"而不惜提前铺垫，对于一名小学生尤其是低中年级的小学生，在这种"滴水不漏""一字不差"的"语言培训"中，他们丧失了多少理解知识的机会？教师应该做到：不过分强调对某些数学文字的表面理解，而应力求引导学生感悟数学的本质，鼓励学生用自己的数学语言尝试诠释对数学意义的真正理解，从而把握住数学的魂。

对于除法竖式，二年级的"有余数除法"由于口算就能解决，因此降低了学生对竖式计算价值的感受。而三年级的"商"是两位数甚至三位数除法，仅仅凭口算，没有必要的记录，恐怕很难正确求出商，这充分体现了竖式独有的"算"的价值。而除法竖式又是所有竖式中结构最为复杂、思维含量极为丰富的一种竖式，对于它的理解和运用，对学生来说有着比较大的困难。显然，教师已经在前期教学中和学生一起体验了算理，但是部分学生仍不能恰当地用竖式来体现算的过程。学生幽默地把规范的计算步骤用"竖式高楼"这种充满童趣的语言描述出来，他们一下子对除法竖式产生了亲近感。整个教学环节，教师没说一句如何算的标准语言，在教师的引导下，学生始终在用自己的语言诠释着对竖式的理解。教师不但没有否定他们的说法，反而多次利用学生的语言，拉近了师生的距离，更拉近了学生与数学的距离。

教师在课堂上应努力把单纯的讲授变成平等的对话，这样就有更多的机会听学生说，于是产生了有趣又有效的交流。教师以热情的鼓励和巧妙的疏导与学生们同喜同忧，发自内心地欣赏每一个学生，不但关注成功的学生，更关注到暂时失败的学生。在教师的等待中，学生有重新跃起的机会。在教师对于"豆渣工程"的接纳和理解下，"环保工程"这种个性十足却又生动形象的儿童语言，帮助学生在反思中加深了对除法竖式的理解，从而扬起了他们自信的风帆。

这种数学课堂中的有效对话，不仅仅是学生与教师、学生与学生之间的对话，更是学生与数学本质的一种对话。我一直赞成这样的理念："严格的不理解，不如不严格的理解。"

做教师的我们不妨退一步，不要急于把"严格的数学概念"一字不差地呈现给"尚未具有严格思维"的小学生。

👍 为你支招

儿童在课堂学习中是学习的主人，是认知的主体。你要积极引导儿童主动参与认知过程，就要构建一个儿童能积极参与对话的良好语言环境。

1. 创设支持性语言环境——营造"敢对话"的环境

你要创设安全、平等的课堂环境，让儿童敢于对话。

（1）说儿童的话。

在课堂上，你关注的应该不仅仅是对儿童说了多少话，而且还要关注说了多少儿童能理解的话。在课堂上应该多挖掘像"豆渣工程"这样的儿童语言，帮助儿童理解抽象的数学知识，儿童听懂了，自然就喜欢了，喜欢了自然就接纳了。正像吴老师所说："'好吃'的数学可能不那么严谨系统，只有属于孩子们自己的数学才是最美的数学；'好玩儿'的课堂可能没那么尽善尽美，只有属于孩子们自己的课堂才是最有魅力的课堂。"

（2）允许儿童犯错。

在吴老师的课堂上，你不仅能体验到学生成功的喜悦，更能感受到他们"失败"的美丽。吴老师常会对回答失误的学生说："我非常羡慕一开始就说对的同学，你们很了不起，但我更佩服身边的这位小男孩。虽然第一次他说得不那么准确，但是他能在和同学们的交流中接受大家的意见，调整自己的思路，能够进行自我反思，这是一种多好的学习习惯，是一种多么可贵的学习方法，我们都应该向他学习！"此时，你一定能看到这个学生微微低着的头逐渐抬了起来，自信也随之回到了他绽开笑容的脸庞上。那种被认同、被尊重的感觉不但影响着他本人，更传递给在座的每一个学生。对待错误的正确态度，就在这温暖的过程中自然而然地生长了。

（3）延迟评价。

美国创造教育家托兰斯认为：延迟评价可以避免儿童刚刚萌生出来的创造性念头受到抑制，可以使儿童产生更多的想法，以便儿童增强表达自己想法的愿望，能提供心理安全环境，提高儿童判断力。因此在课堂上你不要马上做出评价，从而剥夺儿童自主思考的机会，特别是遇到错误时，更不要立即纠正，而要尽可能地创造机会，让儿童自己进行调整。儿童只有在没有"权威"的宽松氛围下，才敢更自由地对话。

2. 创设竞争性语言环境——创造"能对话"的条件

传统的课堂教学中，师说生听、师问生答已成为习惯，缺失了学生主动说的同时，也缺失了学生自主参与建构认知的环节。这种课堂的高度集权使学生难以获取真正的主体地位。久而久之，学生就会对数学学习失去兴趣，甚至产生厌倦感，影响了数学学习效率的提高。

比如，在你的课堂上，可以设计一个比赛，能把学生迅速带入竞争环境中。你变"知识"为"话题"，"我补充发言"，"我赞成 ×× 的观点"，"我对 ×× 的发言还有补充"……这种全方位对话交流的形式会在你的引导下逐渐形成。课堂真正成了学生思维碰撞、心灵沟通的舞台。正如钟启泉先生所说："对话性沟通超越了单纯意义的传递，具有重新建构意义、生成意义的功能。"

再比如，像"教学故事"中，老师的一句"真发愁呀"，也同样能激发学生的责任感，大家都想成为帮助老师"排忧解难"的人，竞争感油然而生，"豆渣工程"就这样被激发了出来，在幽默中帮助学生理解并记忆。心理学研究表明：儿童在竞争环境中要比非竞争环境中思维更加积极与活跃，并且能够提升思维的灵活性与流畅性。小学生的有意注意时间较短，竞争还能够使其注意力高度集中，并且能够延长有意注意的时间。把学生置于竞争的氛围中，自然激活了其语言系统，使他们有话能说。

3. 创设合作性语言环境——提供"会对话"的机会

你一定希望给每一个学生以表达的机会，不但锻炼学生，也能通过反

馈及时调整你自己的教学行为。然而，学生多，发言不能面面俱到，一直
是困扰你的难题吧？甚至有些课堂就被那几个善于表达的学生"霸占"着，
从而影响其他学生的发展。在这样的现状下，创设合作性语言环境，为我
们提供了解决难题的良方。在好问题的引领下，学生才会产生合作需求。
同时，在合作中，为了避免有的学生"独领风骚"，有的学生"默不作声"，
还需要你的引导。

　　首先，要求学生必须在独立思考的基础上，人人发表自己的意见，让
每个学生都有表达的机会。同时，你还要引导学生学会倾听他人的意见，
尝试与自己的想法相结合。

　　其次，引导学生对小组成员发表的不同意见进行讨论分析，尝试得出
本组的结论，并选取代表（代表要轮流当选）发表本组的意见。

　　最后，小组意见汇总后，各小组之间需要进行碰撞、调整，在全班合
作中，得到更加全面的结论。

　　在这样的过程中，每个学生都在学习别人、提升自己，慢慢从"敢对
话""能对话"逐渐走向"会对话"。

 观点聚焦

　　语言环境仿佛是生物生存所需的"空气"，无声透明，却不可或
缺。只要教师用爱创设、用心营造，适合儿童的语言环境就会自然呈
现，对话也将自动发"声"。

 你的感想与实践

（二）关注地利，创设适宜的学习环境

上好第一课 [1]

9月1日开学了，五（1）班的新任数学老师微笑地迎接着每一位同学的到来，陆续走进教室的同学们立刻被眼前的情境吸引了：黑板上除了许多不同形状的几何图形有序地排列着，还有许多有趣的话题："认识我吗——伟大的0""别小看它——小数点""你知道阿基米德检验金冠的故事吗？""数学家索非愿意做你的朋友"……讲台上摆满了大大小小的立体模型，有棱有角的长方体、胖胖的圆柱、尖尖的圆锥、圆圆的球体……教室的四周挂满了红红绿绿的纸条："数学迷宫""车轮为什么制成圆的？""1+2+3+…+99+100=？""你能把字母变成数字吗？"……琳琅满目，目不暇接。

同学们七嘴八舌地议论开了，饶有兴趣地猜测着，胆大的同学干脆从讲台上取走长方体纸盒向同桌同学介绍起来。有两位同学竟然为"车轮为什么制成圆的"争吵了起来。事先精心导演的"数学小知识"的介绍，引

---

① 此教学故事由北京教育科学研究院吴正宪老师提供。

起了同学们的极大兴趣，令他们大有耳目一新之感。老师看大家已经进入状态，便开始了演讲："同学们，过去一提起数学，你们马上就联想到艰苦的思索、繁难的演算、复杂的逻辑推理和没完没了的算式。今天的数学课你们亲眼看到和感受到了数学中包含这么丰富而有趣的内容。刚才同学们说的、想的、做的，都没离开两个字——数学。数学就像一个充满智慧的王国，老师愿意和同学们手牵手一起走进这个五彩缤纷的乐园。相信每个同学只要勤于动脑、积极思考、大胆参与，都会在数学学习的道路上有所进步。如果以前由于这样或那样的原因，同学们对数学的学习还没有入门，那没有关系，今天你长大了，是高年级学生了，相信在座的每一位同学都比过去做得好……"

该班同学从那一刻起跃入了数学的乐园，开始了艰辛有趣的探索。那位曾对数学毫无兴趣、很少按时完成作业的杨同学也出现了可喜的变化，逐渐喜欢上了数学，学习成绩不断提高，六年级毕业考试时以95分的优秀数学成绩升入中学。上了中学，他仍然对那节数学课记忆犹新："我是一个提起数学就头疼的人，但从吴老师给我们上的一节课开始，我就喜欢上了数学。从此，数学就像有吸引力一样把我紧紧地吸住了。"

 吴老师说

学习环境是为了促进儿童更好地开展学习活动而创设的，它与学习过程密不可分，既有丰富的学习资源，又有人际互动的因素。良好的数学学习环境将形成一个"数学学习场"，吸引儿童在"场"内进行有效的数学学习。小学生是6—12岁的儿童群体，他们生性好动，喜欢多色彩、有趣味的素材。这就向我们教师提出了更高的要求，如何把抽象的、严肃的数学概念形象化并富有情感色彩地展现在他们面前，架起教材和儿童中间的桥。营造一种儿童感兴趣、思维主动参与的学习环境，可以从以下两方面入手。

一是走进儿童，让儿童喜欢自己。

古人言"亲其师而信其道"，学生往往由于喜欢、崇拜自己的老师，而开始喜欢这个老师所教授的科目，并且会努力把它学好。因此，教师要用真本事唤起儿童对自己的喜爱，唤起他们对数学学科的喜爱。

二是体验乐趣，让儿童喜欢数学。

如果儿童都能感受到"数学很有趣"，就一定会喜欢上数学。上述案例中的教师紧紧抓住新接班第一课这个契机，把"如何让学生喜欢我的数学课"作为首先思考的问题，独具匠心地上好新接班的第一课，使师生彼此留下美好的第一印象，让儿童从上第一节课开始就感到数学是有趣的。

一名学生如果对数学产生兴趣，他就会酷爱数学的学习，就可以持久地集中注意力，保持清晰的感知，生发丰富的想象力和创造思维，产生愉悦的情绪体验，形成"爱学—会学—学会"这样一个良性循环。

👍 **为你支招**

1. 让"作品"上墙，创造良好的教室环境

教室是学生学习的场所，学生的大部分时间都要在这里度过，一个好的教室设计能创造一个好的教学环境，对教学的实施有着重要的作用。如何建设班级环境，促进学生发展呢？你可以从以下三个方面进行尝试。

（1）在墙报上开辟专栏，让小组作品、评价表上墙。

充分利用教室中的墙壁，开设"数学园地"栏目（见下页图），将学生小组探究的学习成果呈现出来，一题多解、中外数学家的故事、数学

在生活中的应用……丰富的内容会吸引小读者驻足欣赏。学生的作品布满墙面和教室，使其感受到"这是我们的教室"的温馨和亲切。这将刺激学生的思维活动，引起和保持学生的兴趣，使其产生超常的记忆力，活跃创造性思维。

把小组评价表放到墙上，一方面可以增强学生自我管理的能力，另一方面可以增强团队合作及公平、公正的竞争意识，在班级中逐步形成相互帮助、你追我赶的和谐、生动活泼的氛围。低年级教师可以引导学生确定评价内容及标准，帮助设计表格（见下页图①），中高年级教师可以放手由学生自己做主（见下页图②），有助于提高学生的各种素质。

①

②

（2）在可移动展板上分享每个人的"长作业"。

"长作业"，即多样化的实践性作业，这种作业的思维空间比较大，完成作业的时间和空间都比较开放，要为每个学生提供分享展示的机会，鼓励学生开展主题式、体验式、探究式的学习活动。可以将学生的作品放在可移动的展板上（见下图），不仅可以在班内交流，还可以进行年级巡展，使人人都受尊重，都获得鼓励。

（3）适当留白，巧用即时贴，让静止的作品能对话。

在布置学生作品时，你可以适当留白，并备好一些即时贴，学生可以随手把自己的心得与感想记录下来和大家分享，也可以提出问题等待别人来解答……努力让环境和学生产生互动，增加学生对教室的拥有感。

2.让桌椅动起来，创建和谐的对话氛围

在当前的课堂教学中，桌椅的摆放大多是"秧田式"的（见下图①），而这种摆放方式适合于以教师为主体的讲解式课堂。想让儿童在"对话"中学数学，你可以改变座位的传统格局（见下图②），将每个班的学生分成若干个小组，形成小组互助合作的模式，学生讨论、总结更加方便，表达能力得到强化，合作能力不断增强。需要注意的是，要根据班内学生人数的多少合理设计桌椅的摆放，上课时，你应尽可能多地走动，能在最短的时间里走到每个学生的座位处。

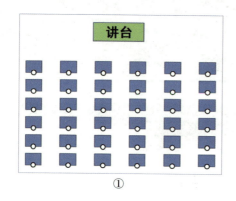

①

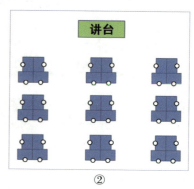

②

3.让学习材料更丰富，儿童有话想说

在准备学习材料时，你可以从这样几个方面思考：①材料要有一般性，拒绝特殊性。一般了，才有说服力；特殊了，不利于培养儿童的逻辑思维能力。②材料要有开放性，即多样性。能最大限度地发挥儿童的创造性思维。③材料要有指向性。儿童课堂中的探究发现不同于科学家的探究发现，不用花那么多的时间和精力，材料要有目的性和针对性。

比如学习"三角形的面积"时，可以准备四组材料（见下图），A组是用两个完全一样的三角形拼在一起的方法，B组是借助长方形或平行四边形分一分的方法，二者属于特殊情况，其共性是转化成学过的图形，找到它们之间的联系，借助平均分，推出三角形的面积＝底×高÷2。C组和D组是一般情况，利用一个三角形推出三角形面积计算的方法，由于儿童不具备三角形中位线的知识，设计的材料一组有格一组无格。由于研究材料不同，因此具有相互交流的需要与可能。

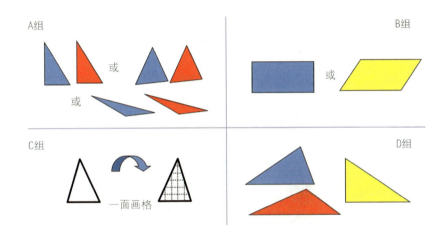

 观点聚焦

创设一个好的学习环境，对儿童往往起着"随风潜入夜，润物细无声"的作用，在潜移默化中影响儿童的精神风貌，激发他们的潜能和自信，使他们敢想、敢说、敢碰撞、敢挑战。

 你的感想与实践

三 关注人和，创设适宜的心理环境

雷雨中的数学课 [①]

清晰记得，盛夏的一个下午，我正准备上"路程、时间、速度"的复习课，突然间天色变化，电闪雷鸣，大雨倾盆而下。伴随着一声霹雷，课堂也由学生安静专注地听，变得人声沸腾！孩子们被这响彻天际的雷鸣声惊动了，张着嘴巴惊叫出"啊"。还有的孩子伸着脖子向窗外张望，想看看这瓢泼的雨，班级里热闹起来了。我只能停下教学的内容，但说实话，我真有点儿舍不得这课上"讲"的时间。可又一转念，在这样的情境下，孩子们热血沸腾的心，还在课堂上吗？继续讲下去会有效果吗？灵机一动，我大声地对孩子们说："全体起立，向左转，面向窗外，看雨2分钟。"学生们安静下来了，全都转向窗外，一起看雨。班里突然间安静了，所有孩子都望向窗外的瓢泼大雨，这个时候，突然又来了一道闪电，紧接着就是轰隆隆的雷声。就这样过了1分钟的时间，就有人看够了，转过了头。我接着说："如果你看够了，可以安静地坐下来，一会准备继续上课。"2分钟

---

① 　此教学故事由北京市海淀区中关村第二小学慈艳老师提供。

的时间过去了，所有人都坐好了，我又开始了今天复习课的内容。

"孩子们，你们刚才看雨有什么感受？为什么这么快就平静下来了呢？"生1："我很好奇，天突然黑了，又是闪电，又是雷鸣，还有大雨，很想看看。"生2："不过您让我们看2分钟，我看了一会就发现，其实也没有什么可看的……"我接过学生的话说："孩子们，面对突如其来的环境变化，你们有这份好奇，很正常！现在，你们能静心上课了吗？"班上同学异口同声："能。"我继续问道："刚刚看到的现象，你们能否结合'路程、时间、速度'的内容提出一些数学问题呢？"经过了独立思考和合作交流后，一个小组走到讲台前面说出了他们组对话的内容。生1："我们组想到了闪电先看到，雷声后听到。"生2："刚刚我们静静地观察下雨变天儿的这2分钟时间里，我们都是先看到闪电，闪电过后大约几秒钟后，听到了雷声。"生3："几秒钟，我们每个同学说的都不一样，有说5秒的，有说10秒的，还有说8秒的，后来我们按人多的为准，选择了10秒的时间。"生4："于是我们组给大家出了一道数学题目：声音的速度是340米每秒，我们看到闪电后10秒钟听到了雷声，你能算出下雨并出现雷声的云层离我们有多远吗？"课堂在小组同学的问题中继续，对话因现实鲜活的素材而变得亲切、真实。

 吴老师说

课堂教学是教师和学生每天都要一起经历的平淡而快乐的时光。然而，在我们的课堂教学中，总会遇到这样那样的问题，故事中的教师遭遇了"雷雨中的数学课"。儿童充满了好奇、探索的欲望。特别是大自然的风云变幻、电闪雷鸣、风雪交加的变换都会引起儿童的浓厚兴趣。在这样大雨滂沱的时间上课，学生的心自然是不平静的，他们充满了好奇与探究的欲望。作为教师是顺应儿童的心理特点呢？还

是靠维持好纪律继续上课的方式来对待这节课后面的时间呢？显然，这个教师的做法还是很可取的。她停下了教学内容，一起和学生们倾听大自然的声音。在给学生时间的过程中，教师也在静静地等待，默默地观察，帮助学生渐渐地恢复上课的平常心。在静下来的观察与思考中，教师却没有离开数学的主题，提出了有关"路程、时间、速度"的数学问题。变被动为主动，利用了儿童的心理特点，将原本可能浪费的时间，转换为观察自然现象，发现数学问题，提出数学问题，解决数学问题的全过程，这应该就是一位教师的课堂智慧所在。要想拥有这样的课堂智慧，教师首先心中要有学生，了解学生的心理特点。其次，还要拥有一颗平和等待学生的心。当然，数学教师的专业素养还是要有的，拥有一双发现数学的眼睛，将生活中的素材转换为可用的数学资源。

👍 为你支招

1. 创设平静的心理环境

课始风云变化、雷雨交加的气候环境，让儿童的听觉、视觉不自觉地被这些强刺激所吸引。我们在对世界的体验中，听觉和视觉起着相互补充的作用。正是基于听觉和视觉的这些特点，儿童的表现是非常正常的心理反应！作为教师，首先，认可并理解儿童的表现是对课堂以及儿童心理的尊重。其次，面对这样的环境的变化，怎样引导使原本热闹并已经凌乱的课堂在短时间内归于平静呢？上述案例中，教师就采用了顺应儿童的好奇心的策略，全体起立观察环境的变化，让环境在有效的时间里，通过观察使儿童得以适应，从而最终达到儿童心理上真正的平和。

2. 有效引导儿童的心理情绪

当儿童对环境适应，心理趋于平静、平和后，进一步接受新的任务，开始新的学习才可能是有效的。上述案例中，教师让学生说说，在给定的时间里，观察到了什么？有什么感受？实际上是在引导学生把看到的说出来，是对学生情绪反应的一种尊重。对于情绪来说，研究者已经证明情绪状态可以影响学习、记忆、社会判断和创造力。情绪的反应在你对生活经历进行组织和分类时起着重要作用。因此，在教师的引导下，让学生拥有良好的情绪反应，才能更好地让课堂对话得以实现。可以说，一个好的情绪引导，为形成学生间好的对话提供了土壤。

3. 创设有所感、有所想的对话前提

俄国心理学家列夫·维果茨基认为儿童通过内化的过程而发展。所谓内化就是儿童吸收来自社会环境的知识，这个环境对认知如何随时间展现具有举足轻重的作用。在上述案例中，我们可以看到教师利用环境，利用儿童的自身感受，帮助儿童在对话中，将所看、所思、所想，引导为数学教学中的可利用资源。在活动及对话交流中，培养儿童用数学的眼光观察世界，用数学的方法思考世界，用数学的语言表达世界。

 观点聚焦

要想做一个儿童喜欢的教师，就要走进儿童的心灵，满怀真情地倾听他们的心声，帮助他们消除心理上的障碍，充分地尊重、理解他们，真正读懂儿童心理，善于利用心理效应，建立平等、民主、友好、和谐的师生对话关系。

 你的感想与实践

历时三年有余，我们的研究暂且告一段落。随着研究的不断深入，我们的课堂悄然地发生着改变：教师走近儿童成了他们的学习伙伴，教师与儿童、儿童与儿童逐渐建立起了课堂对话系统，积极合作、主动分享和互动交流已经成为课堂中儿童的自发学习行为。一路研究，一路思考，一路收获。通过研究，我们形成了一种认识：对话能促进教师与儿童、儿童与儿童的思维交流；收获了一些做法：对话需要读懂、对话需要伙伴、对话需要分享、对话需要活动、对话需要环境；获得了一种体会：有效的对话机制可以尽可能多地展现儿童的思维，达成共识、共享和共进的目的。我们坚信，在动态的数学课堂教学过程中，对话可以优化数学课堂教学，激发儿童的求知欲望，引发儿童的深度思考，从而促进他们的思维发展。

《让儿童在对话中学数学》是吴正宪数学教师团队集体研究的成果，其撰写的过程也是团队队员不断学习、反思成长的过程，是团队队员不断自我丰富、完善的过程。在撰写本书的过程中，我们得到了多位专家的指导，在此表示诚挚的感谢。还要感谢教育科学出版社的刘灿老师、郑莉老师、欧阳国焰老师，为我们团队提供了指导。最后要感谢一起并肩前行、不辞辛苦地参与编写的团队队员们，他们参与研究的情况如下：

· 第一部分　儿童需要对话，对话需要读懂

　　㈠在观察中读懂儿童：王　蕙（北京市朝阳区芳草地国际学校）

（三）在对话中读懂儿童：张海媛（北京市朝阳区芳草地国际
学校）

· 第二部分 儿童需要对话，对话需要伙伴

（一）教师要成为儿童的学习伙伴：张殿军（北京市海淀区
七一小学）

（二）注重同伴学习共同体的建立：常秀杰（北京市海淀区
七一小学）

（三）促进儿童在小组合作中学习：朱凤书（北京市海淀区
七一小学）

· 第三部分 儿童需要对话，对话需要分享

（一）分享以独立思考为基础：张京京（北京市朝阳区呼家楼
中心小学）

（二）分享从倾听开始：刘惠芳（北京市朝阳区呼家楼中心小学）

（三）分享需要学会表达：卫素霞（北京市延庆区第四小学）

（四）分享需要大胆质疑：王　洋（北京小学长阳分校）

· 第四部分 儿童需要对话，对话需要活动

（一）活动需要顶层设计：穆　健（北京市通州区中山街小学）

（二）活动实施需要学习单：朱凤书（北京市海淀区七一小学）

（三）活动需要跨学科视野：王化伦（北京市密云区第六小学）

· 第五部分 儿童需要对话，对话需要环境

（一）关注天时，创设适宜的语言环境：薛　铮（北京市西城
区黄城根小学）

（二）关注地利，创设适宜的学习环境：宋燕晖（北京市东城
区灯市口小学）

（三）关注人和，创设适宜的心理环境：李兰瑛　慈　艳（北
京市海淀区中关村第二小学）

累足成步，滴水穿石。团队队员们的努力与付出令人特别感动，他

们坚守一线开展实践研究，他们不断学习坚持思考，他们勇于探索不断突破。范存丽老师对书稿的形成做了大量工作，特别是从框架的确定到每个建议的具体内容等方面事必躬亲。王蕙老师和朱凤书老师在团队队员们撰写书稿和修改书稿的过程中提出了自己的建议，并多次和他们进行联系。但是由于时间仓促和水平有限，本书也许会有一些问题，还请各位读者提出宝贵的意见和建议。